▲雍正朝服像軸

美人圖・倚門

▲清 美人圖・下棋

▲清 美人圖・賞菊

▲清 美人圖・對鏡

▲清 胤禛行樂圖・乘槎升仙

▲清 胤禛行樂圖・刺虎

▲清 胤禛行樂圖・書齋寫經

▲清 胤禛朗吟閣圖

▲清 雍正祭先農壇圖卷（局部）

西成已在望
年催又相謹
繁穫香生托
吾檐露未乾
啄送鴉羣下
拮滂程勻欸
主伯忙相爱
今年子粒実
收刈

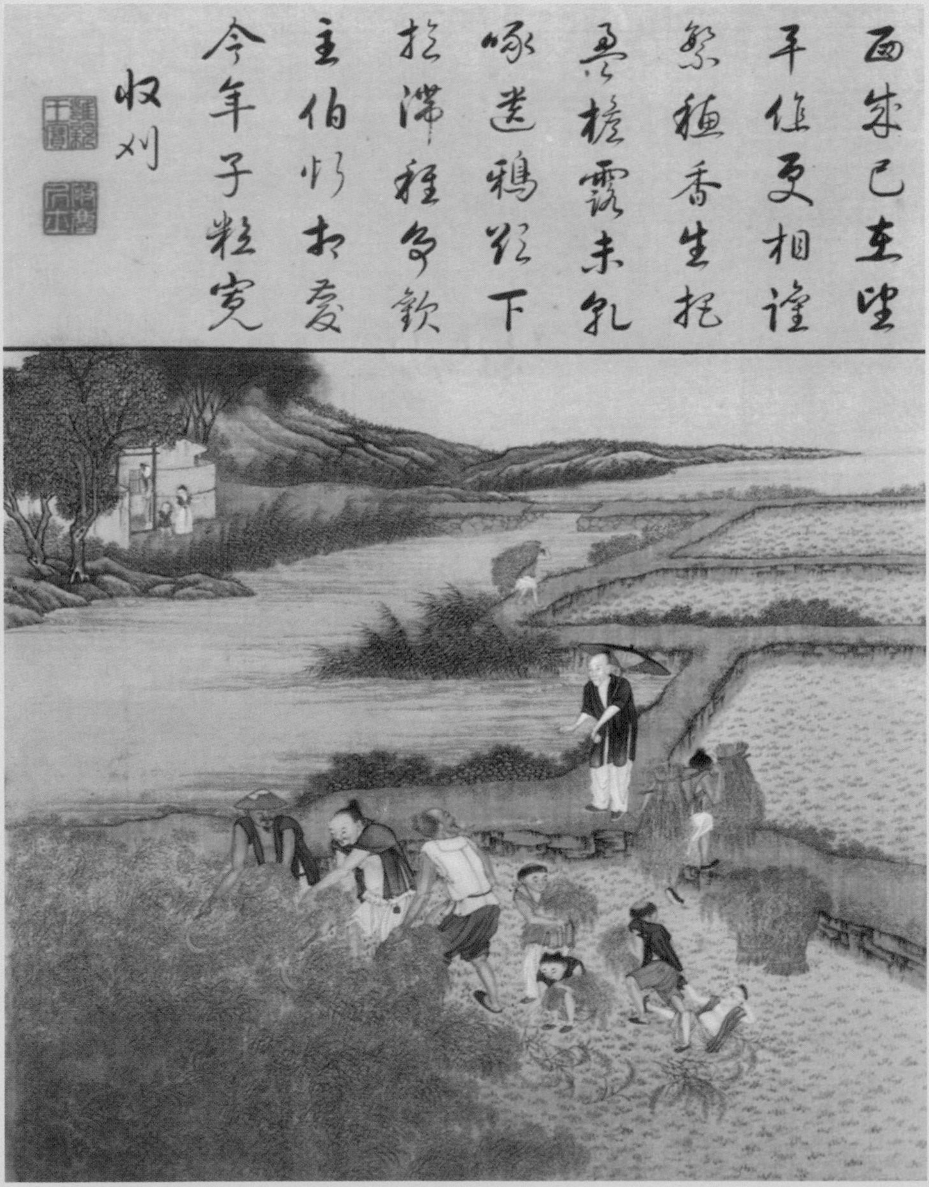

▲清　胤禛耕織圖·收割

▲清 胤禛耕織圖・經

▲清　雍正十二月景行樂圖「正月觀燈」

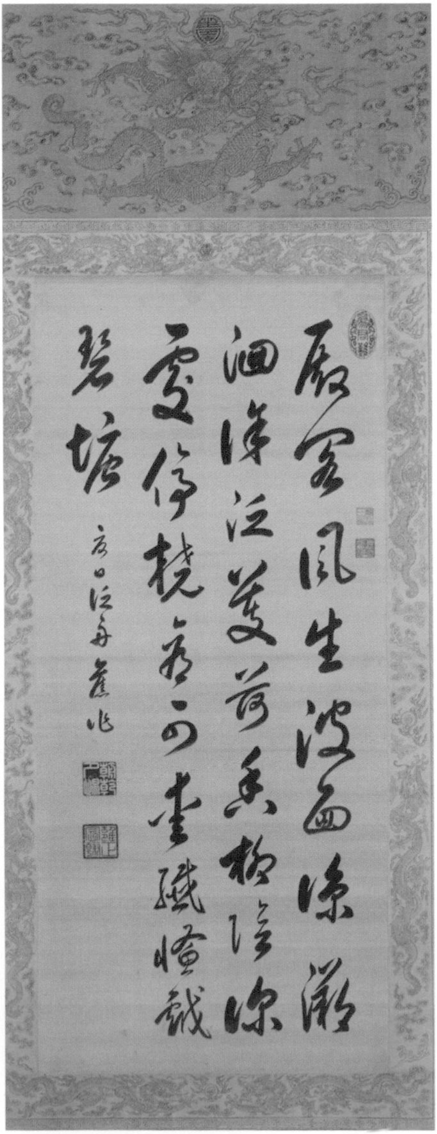

▲胤禛草書夏日泛舟詩

▲清 胤禛行樂圖・圍爐讀書

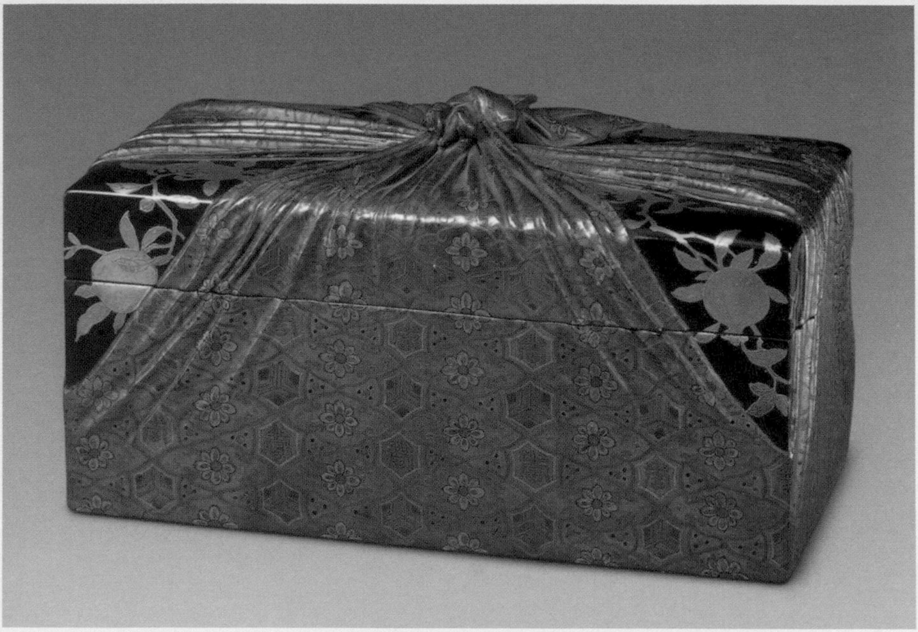

▲清雍正 彩繪描金花果紋包袱式長方形漆匣

彩鏤空蓋盒

▲清雍正 畫琺瑯纏枝蓮紋六頸瓶

▲清雍正 黑釉描金雲龍紋高足杯

▲清雍正 銅胎畫琺瑯花蝶紋玻璃天球冠架

▲清雍正 粉彩牡丹紋盤口瓶

▲雍正御用月白緞繡金龍銅釘棉甲

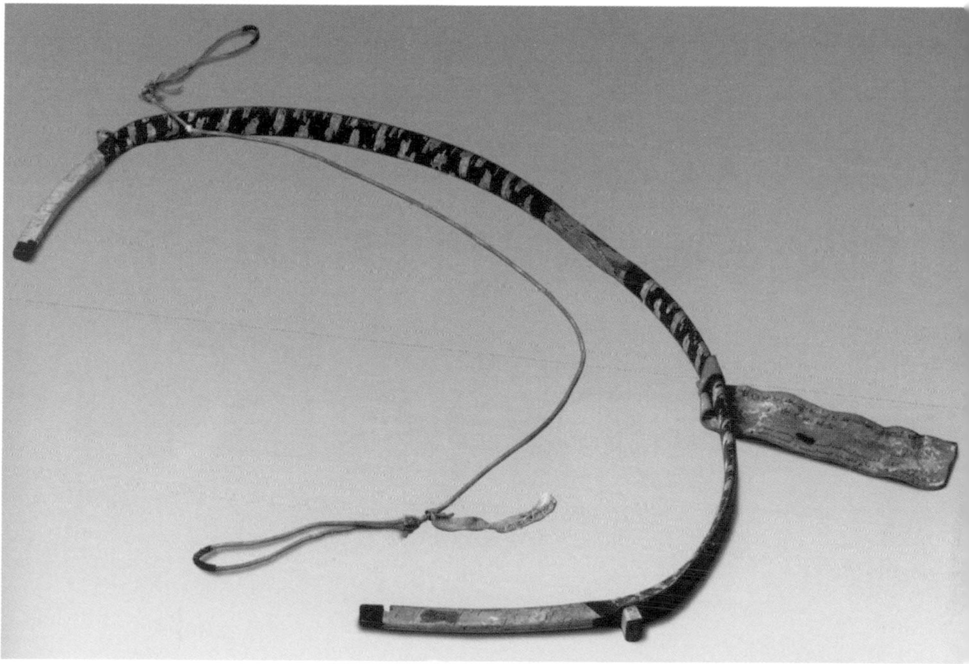

▲雍正御用葡萄面樺皮弓

▲雍正御用銀刻花嵌松石馬鞍

▲清 雍正道裝雙圓一氣圖

雍正帝

馮爾康◆著

開篇

雍正帝是位頗有爭議的歷史人物，自他登極至今，近三百年來，或被咒罵為篡位暴君，或被讚譽成明君改革家。他繼位一事被當時人、後世人鬧得沸沸揚揚；是否好死（正常死亡）亦為學術界熱議的話題。兩種截然不同的評價，令人莫衷一是。不過筆者覺得可喜的是，近年學術界關於雍正帝及十八世紀史研究有了新的評價思路和某些研究成果，即，運用現代理論以至後現代方法解說那個時代的歷史。如有學者認為，政府為應付通貨膨脹和人口增加後行政費用的增加，定期增加火耗是必要的。有學者使用現代管理學、行政學理論研究雍正帝政務。還有學者從十八世紀世界發展趨勢，解釋雍正帝及其前後的歷史，認為處於世界體系的清代中國，與世界一樣，十八世紀人口持續增長，康雍乾三朝有針對性地提出一系列經濟發展對策，從而構成政府政策上一個極具連續性的、空前活躍的和充滿生氣的時期。擴大地方官職責，又不增加行政負擔，乃利用保甲、鄉約、宗族；農業政策是勸農，推廣新的適宜產品的優勢專案；討論土地制度改革，干預租佃關係，取消人口稅，除豁賤民，限制紳權，實現國家的直接統治，都屬於現代變革。因而，清朝的努力，具有「現代性」。這些新見解，對筆者深入認識雍正帝的革新政治、經濟改革及歷史地位頗有啓發，所以在開篇把他們列出來，也表達筆者進行新探討的願望。

對雍正帝感興趣的，但不一定是專業研究者的人士中，有許多人認爲雍正帝活得累，因而同情他。四十四集電視劇《雍正王朝》主題歌云：「數英雄，論成敗，古今誰能說明白。千秋功罪任評說，海雨天風獨往來。一心要江山圖治垂青史，也難說身後罵名滾滾來。有道是人間萬苦人最苦，終不悔九死落塵埃。得民心者得天下，看江山由誰來主宰。」康雍論壇網站上有帖子云：「可憐的四爺，辛辛苦苦爲百姓謀福，卻沒有人理解他，還讓他背負罵名。他這麼辛苦是爲何啊？看他兒子乾隆，什麼事情都沒做，還把他多年來積累下的銀子花得所剩無幾，人家還得了明君稱號，這是什麼世道啊，難道嚴懲貪官污吏就是暴君嗎？可憐的四爺，你的心究竟有沒有人明白。」網上有言，雍正帝、允祥是難兄難弟，「一個身體強壯的都沒有，都是累死的」。與上述見解不同的網路文章則說：「現在是讚康熙、雍正、慈禧、袁世凱，罵孫中山大行其道。」看來，民間既有肯定雍正帝政治改革和同情他勤政的呼聲，亦有將他列入「竊國大盜」袁世凱一流的觀點。作爲雍正史的研究者，筆者常常爲他說好話；這是否陷入不當思潮之中？這是筆者時加警惕的事情。

雍正帝究竟爲人如何，是什麼樣的帝王，應有怎樣的歷史評價？研究者與大眾的不同見解，各種各樣的聲音，統統作爲筆者的思考素材，將在書中有所關照，有所回應；我所使用的方法不是辯論式的，而是將之融入敘事之中。本書文字有限，而筆者的奢望是其涵蓋量不能小。

關於雍正帝及其時代的歷史，筆者業已撰寫不止一部著作，有鑒於此，力圖運用個人沒有怎麼利用、學術界也未大量使用的新史料（並非新發現的史籍），來繼續或者說重新講述雍正帝的故事，支撐新的論點。唁！說成「論點」，太拔高了，太嚴肅了，其實不過是「心得」而已。

目次

第三章　雍正朝的君臣關係

第四章　雍正帝的學識與政策、政事

第五章　雍正帝的性格與養生之道

第一章

雍正帝小檔案

雍正帝出生於康熙十七年十月三十日（一六七八年十二月十三日），名叫胤禛，胤字是輩份排行；按照辭書《康熙字典》的解釋，禛的意思是「以真受福」。康熙帝為他取這個名字，表示希望他對上天和祖宗真誠，因而得到福佑。他是康熙帝排了行序的第四子。其生母烏雅氏，出身寒微，本為普通宮人，胤禛出生次年被封為德嬪。他的生母與外家並不顯赫，不能使他在皇子中具有特殊地位。

▲雍正帝朝服像軸

在順治、康熙年間，皇子多交由內務府官員撫養，或者由皇帝指定妃嬪代育他人之子，如皇八子允禩由皇長子允禔之母惠妃、皇十三子允祥由雍正帝之母德妃養育。可是，康熙帝自己說：「朕之諸子，多令人養視，惟四阿哥朕親撫育。」（《雍正朝起居注冊》）所謂親自撫養，其實是將胤禛交給皇貴妃佟佳氏養育。這位皇貴妃是一等公佟國維的女兒，隆科多的姊妹，康熙帝生母孝康章皇后的侄女，康熙二十年（一六八一）被封爲皇貴妃，康熙二十八年（一六八九）病死前被冊立爲皇后，死後謚爲孝懿仁皇后。她既然是正位後宮的皇后，由她撫養的胤禛，故而可以說是由皇帝親自撫育的，而其他妃嬪撫養的皇子就不能這樣說了。孝懿仁皇后沒有生過男孩，唯一的女兒也夭折了，所以她撫養胤禛，應該會慈愛盡心。年幼的胤禛，很可能因她尊貴，而有意識地討好她、巴結她，並因此同她的娘家人有一種特別的關係。康熙帝序齒的兒子有二十四人，胤禛在年長皇子的行列，這對其在皇室的處境有利。

雍正帝童年、青年時代在上書房讀書，學習滿、漢、蒙古文和經史等文化課，以及騎射、游藝等軍事體育科目，從而掌握了滿漢傳統文化。他文思敏捷，千言立就，練習書法，模仿康熙帝筆體，得到乃父認可。

康熙帝於三十七年（一六九八）冊封皇八子以上六位成年皇子爲郡王、貝勒，胤禛受封爲貝勒。其時，大學士建議六位皇子皆封爲郡王，康熙帝不允，認爲被封的四個貝勒爲人不足以獲得王爵，他說：「四阿哥爲人輕率，七阿哥賦性魯鈍。」將來看他們的奮勉情形再爲加恩（《清聖祖實錄》卷一八七）。看來胤禛不能封王，在於他「爲人輕率」。在康熙朝第一次廢黜皇太子允礽的事件中，胤禛於康熙四十八年（一七〇九）受封爲雍親王，府邸就是

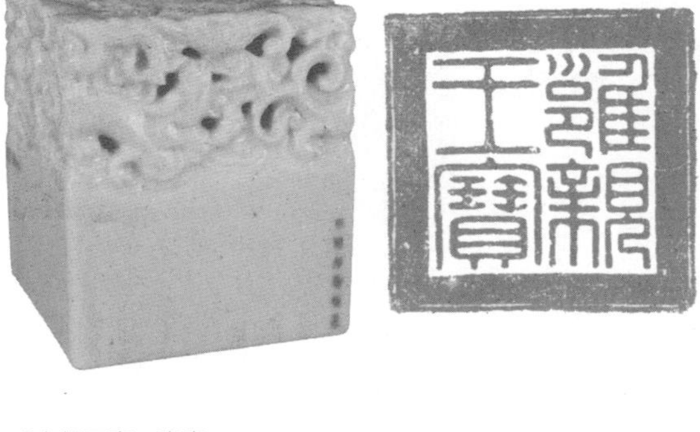

▲「雍親王寶」瓷章

現在的雍和宮。和他同時受封爲親王的還有皇三子允祉、皇五子允祺。

在皇子時代，胤禛受命參與過少許政事。在康熙帝指導下，他和皇兄弟們一起參加一些社會活動。康熙二十五年（一六八六），九歲的胤禛首次隨從康熙帝北狩塞上，以後又多次參加這種「秋獮」，既練武健身，又了解了清朝同蒙古王公的關係。康熙三十五年（一六九六），康熙帝親征漠西準噶爾蒙古噶爾丹部，命皇子參預軍事。十九歲的胤禛奉命掌管正紅旗大營，雖然不是眞正指揮打仗，但是行軍議事，得到了一次軍事訓練。康熙三十年代治理永定河時，胤禛多次隨同視察工程進展情況，發現質量問題，報告皇父，要求重做。康熙帝先後六次南巡，胤禛於康熙四十二年（一七〇三）從行一次，過泰山，到南京、杭州，視察黃河、淮河工程。清朝皇室的遠祖陵、太祖福陵和太宗昭陵在盛京，順治帝的孝陵及其母孝莊文皇后的暫安奉殿在直隸

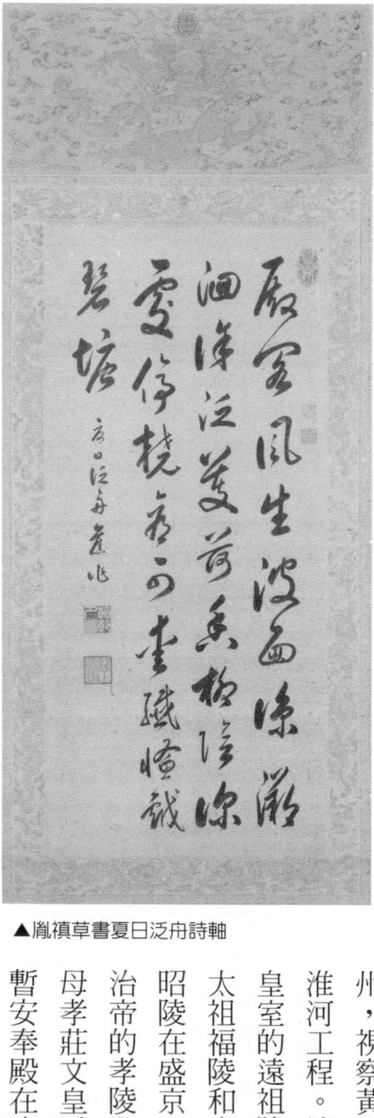

▲胤禛草書夏日泛舟詩軸

遵化，康熙帝不時率領皇子祭祀祖陵，胤禛還多次奉命前往暫安奉殿祭奠。康熙帝曾幾次去五臺山，康熙四十一年（一七〇二）那一次，胤禛侍從。康熙六十年（一七二一），為康熙帝登基一甲子的大慶之年，胤禛奉命往盛京祭祀祖陵，覆核貢士試卷，代行天壇祭天之禮，次年清查京、通二倉，冬至將至，又奉命代行祭天。

作為皇子的胤禛，不時隨從乃父巡幸，東北到滿洲發祥地的遼寧、吉林，東南至富甲天下的蘇杭，西去佛教聖地之一的山西五臺山，北達內蒙古草原，足跡遍及半個中國。在巡遊中，他了解了各地經濟水利、民風習俗、宗教信仰、歷史問題；觀察康熙帝處理政事；考察了地方行政和吏治，獲得了官場情況的第一手資料；奉命處理皇家事務和朝政，則是練習理政的好機會。所以巡閱四方和處置政事、家事，是胤禛向皇父、向朝臣和社會學習的好機會、好方式。這對他參加皇位的爭奪和繼位後治理朝政，有著重要的意義。

自康熙四十七年第一次廢黜皇太子起，諸皇子糾結私黨，爭奪儲位，對立的程度嚴重到要互相謀害。康熙帝第二次廢太子後，儲位虛懸十年，這加劇了諸皇子的爭奪。皇太子雖被廢黜，但仍有影響力；皇八子、皇九子、皇十子和皇十四子的黨派最有勢力，得位呼聲也較高；皇三子允祉也想染指皇權。胤禛亦力圖謀取儲位，他擬定方針，有實施策略，並採取隱蔽的方式活動，欺騙了康熙帝和政敵，最終取得帝位。

對於他的登極，當時人就懷疑其正當性，議論紛紛，至今留下四種說法：一是篡奪說，即奪了皇十四子、他的同母弟允禵的帝位；二是自立說，即在康熙帝駕崩之際，胤禛自立為皇帝；三是遵照康熙帝遺言，合法繼位；四是「合作」說，認為康熙帝本意讓胤禛繼位，允禵輔佐，而雍正帝卻迫害他的十四弟。筆者相信合法繼位說，論證見於拙作《雍正傳》、《雍正繼位新探》，這裡不作贅述。

康熙帝賓天，胤禛當即繼位，改年號為雍正，此年號可能是取雍親王正位之意，如同李淵奪取帝位後，因其曾為隋朝的唐國公，而定國號為唐；雍正帝用此年號，可能還有雍親王得位正當的涵義。

雍正帝是從儲位鬥爭中過來的，深知其害，自己當權後，更加體會到它對皇權的危害、對穩定政局的妨礙作用。所以，他即位後不遺餘力地打擊朋黨，即懲治政敵允禩、允禟、允禵，打擊功臣年羹堯、隆科多，處理李紱參劾田文鏡案（牽連出謝濟世案、陸生楠案）、蔡珽案、曾靜投書案和呂留良文字獄，以及查嗣庭案、汪景祺案、「名教罪人」案等等。

他在儲位鬥爭中，就已形成了自己的政治綱領；即位後又面臨康熙末年遺留下來的政治危機，故而必須採取興利除弊的革新方針。雍正帝以「為君難」的認知和「一言興邦」的砥礪精神，貫徹為政務實的精神，加之雷厲風行，嚴厲推行，勵精圖治的作風，很快使朝政一新，國庫由空虛而日漸豐盈，同時也招致頗多議論，被責為「嚴刻」，是「愛銀」皇帝。他所推行的政策和政事，比較重大者，筆者歸納爲十餘項，即：設立會考府，清釐錢糧；制定和實行耗羨歸公與養廉銀制度；推行攤丁入畝和士民一體當差制度；實行除豁賤民的政策；改定律例；創建軍機處；青海用兵、經營西藏和西北兩路用兵；在西南少數民族地區施行改土歸流政策；完善奏摺制度；完善與認眞實行引見制度；尊孔與圖書修纂；訂立「恰克圖條約」和驅逐傳教士；創立秘建儲君制度。此外還有提升州縣（將州縣升格爲府州）、收集銅器（爲鑄造制錢）、獎勵路不拾遺、報祥瑞、報開墾與陞科、興辦直隸營田水利、試辦八旗井田、改革旗務、創立孝廉方正科等等。各種大大小小的朝廷制度，他幾乎都有所更革。他的精力、毅力，在歷朝歷代帝王中實屬罕見。他的身體原本強健，可能因操勞過度，開始不時生病。他講求醫藥，用道士製丹藥，並給臣工賜醫藥，五十八歲暴亡，留下難解的謎團；與其繼位之謎一起，令史學界、令民眾聚訟不已。

雍正帝在位十三年，雍正十三年八月二十三日（一七三五年十月八日子時）故世，享年五十八歲，嗣子乾隆帝爲他上諡號爲憲皇帝（敬天昌運建中表正文武英明寬仁信毅至誠憲皇帝），廟號世宗，葬於清西陵（今河北易縣），陵墓名泰陵。

本章在記述雍正帝生平時，詳於四十五歲繼位之前的歷史，而略於在位期間，乃因其皇子時代的情況，本書其他章節基本上不會涉及；而即位後的史事，正是本書的主要內容，故而不再多敘，以免重複。

第二章

雍正帝的座右銘「爲君難」

雍正三年（一七二五）三月，雍正帝借年羹堯在給皇帝的賀表中將「夕惕朝乾」誤書為「夕陽朝乾」，向其發難，指責這是年羹堯不承認皇帝朝乾夕惕、毫不懈怠地勤於政事。因此，他對年羹堯平定青海厄魯特之功也表示承認不承認在兩可之間。看來，雍正帝以朝乾夕惕、兢兢業業、勵精圖治自許、自詡，也即以有道明君自許、自勵。朝乾夕惕、勵精圖治，是有為君主的秉性，是「為君難」的主要內容之一。雍正帝以「為君難」為座右銘，惕勵自身，表明自己的為君之道和用人之道，以此興旺清朝，讓萬民受福。

一、鑄造「為君難」寶印

雍正帝即位初年，書寫了「為君難」三字的匾額，懸掛於宮室；又製作「為君難」寶印一方。

印文係漢文篆字，質地爲壽山石，雕刻螭紐，長方形，今存於北京故宮博物院。清朝爲官員鑄造寶印，對所用材料的金銀成色極其講究；雍正帝更於雍正六年（一七二八）六月下令，即使微員印信，也一定由欽天監選擇吉日鑄造。爲君難的寶印，雖然用的是石材，但石質確實是上上等的，其雕造時日，必定是欽天監選定的吉日。根據有關印信製造的上諭可知，雍正帝鑄造「爲君難」印章，無疑是非常講究和認眞的。

「爲君難」只是一枚閒章，雍正帝爲什麼鐫刻它？又是

▲雍正「為君難」壽山石螭鈕長方印

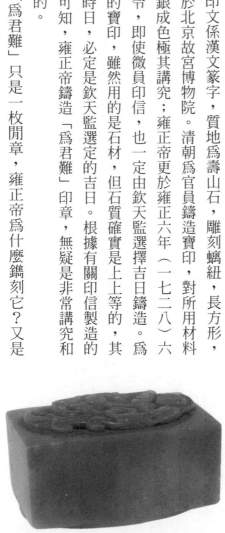

怎樣看待它呢？他在雍正二年（一七二四）四月初九日閩浙總督覺羅滿保滿文謝恩摺的硃批中說到此事：「『爲君難』數字，朕寫成匾額，鐫刻寶印，時刻置放眼前，心中時常掛記思考。」（《雍正朝滿文硃批奏摺全譯》）這說明，他對「爲君難」思想有著深刻的理解，深知它對君主爲人施政的重要性，並將之視爲座右銘，時時刻刻惕勵自己按照君主的準則去行事，做君主應該做、必須做的事情。「爲君難」與「爲臣不易」是互相聯繫的觀念，雍正帝自己恪守「爲君難」信條，同時要求臣工信守「爲臣不易」之說，故而教導滿保「將『爲臣不易』四字銘記於心」。滿保表示一定遵行。雍正帝又開導他：「爲臣之人，理應如此將『爲臣不易』四字照爾所奏謹記思索。」他是要求臣下將「爲臣不易」當作座右銘，砥礪自身行爲，遵守臣道。「爲君難」與「爲臣不易」，要求君臣都能「君君臣臣」，各守本分。至於爲君難的哲理、政理，後面還有機會說到。

二、「為君難」觀念的淵源

雍正帝的「為君難」思想，源出於孔子，歐陽修的理解亦應對他有影響。孔子是將「為君難」與「為臣不易」作為對應觀念講解的。

他從總體上回答了傳統社會執政的兩個方面——君主和臣工的關係問題，指明君臣既是對立的，更是一體的，並且他們二者決定了國家的興亡盛衰。對此，《論語》是這樣記載的：「定公問：『一言而可以興邦，有諸？』孔子對曰：『言不可以若是其幾也。人之言曰：『爲君難，爲臣不易。』如知爲君之難也，不幾乎一言而興邦乎？』」意思是說，國君懂得爲君難的道理，行爲謹愼，善於採納臣工的好意見，就能收到一言興邦的效果，警惕一言喪國的危險。

歐陽修將「爲君難」作爲專門命題提出，給後世爲君者明確它的內涵，即君應做明君，能在用人上下功夫，做到知人善任。他的〈爲君難論〉認爲，「爲君難」之難，最難的是用人：「語曰『爲君難』者，孰難哉？蓋莫難於用人。」他進而講了用人的三項原則：一是用人堅守專職、篤信的原則，給予任用之人專職專權，不予干

▲孔子像（明人繪）

涉，因爲信任不疑，官員就可以在皇帝指導之下成就事業，所謂「夫用人之術，任之必專，信之必篤，然後能盡其材，而可共成事」。二是吸收眾議。雖說用人不疑，但是需要採納眾人意見，發現問題及時改正，是以強調「群議」。三是考慮所用之人可能產生的政治效果，即所用之人能否建立事功，不可「不計功之成敗」。歐陽修同時指出，只有明賢之君才能夠選取人才，因而還要警惕昏君之失：「夫用人之失，天下之人皆知其不可，而獨其主不知者，莫大之患也。前世之禍亂敗亡由此者不可勝數也。」（《歐陽修全集・居士集》卷十七）雍正帝熟讀經史，無疑知道孔子、歐陽修對爲君難的論述，否則也不會鐫刻爲君難寶印。

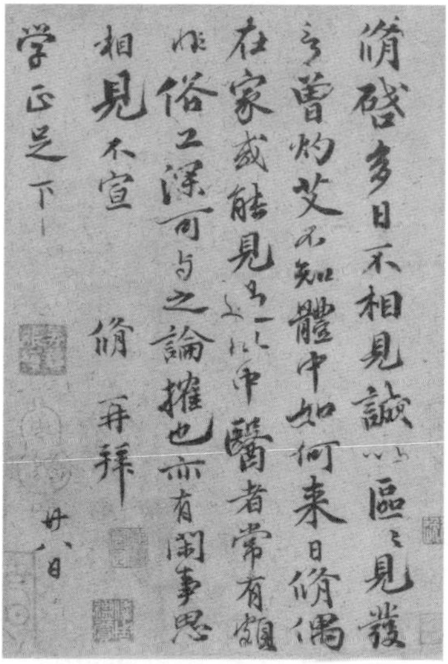

▲歐陽修行書〈灼艾帖〉

說來有趣，儘管歐陽修的〈爲君難論〉爲雍正帝所鑒賞，但他的另外一篇文章〈朋黨論〉，卻與雍正帝的觀點針鋒相對。歐陽修主張君子有黨，而小人無黨，與雍正帝的《御製朋黨論》正好相悖。雍正帝爲反對朋黨，嚴厲駁斥了歐陽修的觀點，還說他要是還在世，會把他殺掉。

三、「為君難」的核心內容

雍正帝在滿保的雍正二年（一七二四）二月二十四日奏摺上硃批講道：因繼位不久，朝內外沒有熟知之人可用，只好物色擇取數人試用。

「故此，朕之難處惟有蒼天及朕皇考、諸天神洞見而已，屬一等難事。若能遇一名賢能之人，乃朕如得活寶矣，將欣喜若狂」，爲此希望你等地方大員盡力培養人才，供朕使用。他實話實說，一等難事是講求符合天意祖制，取得上天和祖先的理解，同時希望有賢能之臣爲其所用，態度甚爲殷切。這份硃批集中表達了他對爲君難的理解。由此可知，他所說的「爲君難」，有三個方面的涵義：符合天意、祖制難；得人用人難；理順民氣難。對後一點，儘管這件硃批未曾涉及，但在其他許多檔案中都曾經討論。如在西安將軍延信雍正四年（一七二六）十月十二日報告雨水調勻、小麥長勢很好的奏摺上，雍正帝欣然寫道：「欣閱。爾等若能理順兵民之氣，盡忠盡孝，善於誘導，不致造罪，朕可擔保，天憫地方，必將風調雨順。勤之。」他關心民氣，尤其強調理順，也就是祈求風調雨順，讓百姓能夠安居樂業。他還在靖邊大將軍傅爾丹等雍正七年（一七二九）十一月二十日請安摺上硃批：「朕躬頗安……仰賴上天之恩，新年諸事皆如意。」兩份硃批中都有仰賴天恩的內容。敬天，爲雍正帝時刻不忘，這正是前述雍正帝爲君難的第一個涵義。

爲君難的三方面內涵，雍正帝在雍正五年（一七二七）六月初二日的上諭中全講到了，只是並非從爲君難的角度敘述。其時民間謠傳頗多，京城訛傳要挑選秀女賞賜給西洋人；浙江海寧人查嗣庭案審結，查嗣庭戮屍梟示，家屬流放三千里，因而出現了「海寧屠城」的謠言。雍正帝就此說：「朕非庸儒無能主也，如京城造言之人現在拿獲，按律治罪。」但是小民聽信浮言，愚昧可憐，因此宣示朕意，令其知曉：「朕自臨御以來，日夕憂勤，惟以愛民爲念，凡所行之政，所發之令，無一不準乎天理，無一不體乎人情，……愛我百姓，實懷父母保赤之心。……地方一有不肖官員，不法奸民，定加懲治。」「此一片眞誠愛民之苦心，上蒼后土聖祖在天之靈鑒之。」準乎天理，懲治劣官，關愛小民，以此爲念。

▲壽山石「敬天尊祖」璽

下面，我們將就雍正帝的言論和行爲，從六個方面比較深入地闡明他對爲君難的認知。這六方面是：（一）敬天法祖的言論；（二）祭堂子、祭天地神祇的行爲；（三）君主自律與體諒爲臣不易；（四）君臣一體、同心同德的道德準則；（五）對臣工有守有爲的要求；（六）君民一體、理順民氣。

四、虔誠的「敬天法祖」觀念

敬天法祖，是清朝的施政總方針，也是皇室的家法；雍正帝對此是虔誠地遵循。

對自己的登極，他說：「朕荷上天眷佑，受聖祖仁皇帝付託之重，君臨天下。」感激皇天和乃父，應該是眞情的表露。他從思想上篤信天理祖訓，特別相信天人感應之說，敬天畏天，實屬眞誠。具體地說，雍正帝對天祖的態度表現在下述四個方面。

感激天恩祖德，祈求降福，亦須知恩報恩。雍正帝認爲人世間的一切好事，人們的物質生活資源，世道的太平，都是上蒼所賜予，都是祖宗的恩惠。兩江總督查弼納於雍正二年（一七二四）三月初四日奏報江南普降大雨。雍正帝認爲農事收成有望，是君臣萬民之福，特降硃批：「所有地方，均蒙上天屢施恩澤，能夠心願以償。如此看來，天地皇考必贊同我君臣矣。我君臣僅將此意行，敬而益敬，勤而益勤。如此而爲，我君臣必定叨蒙永久恤憫佑庇之恩矣。」他認爲，天祖賜福表明天祖讚賞君臣的行政作爲，所以對天祖的敬意更應虔誠，以求長久的恩典。撫遠大將軍年羹堯雍正元年（一七二三）十二月十六日奏報，在布隆吉爾附近擊敗準噶爾來犯之敵，雍正帝說，這是望外之喜，「朕惟合掌感激上天之恩，我皇父聖靈之慈佑」。年羹堯於雍正二年二月十四日奏報分三路進剿青海厄魯特羅卜藏丹津的部署，雍正帝硃批云：「朕惟作揖感激天恩、聖祖神靈保佑，嘉獎爾等効力。」黑龍江將軍陳泰雍正二年二月二十六日上請安摺，雍正帝硃批特意告訴他：「初三日，七省同一天降有時雨，此皆因上

▲康熙帝讀書像

天、皇考、天神特施恩澤佑護所致。」讓陳泰也分享快樂。滿保於雍正元年五月十四日奏報福建米價平穩，雍正帝開心地說：「唯合掌叩謝天恩外，別無降旨。此蓋爾等省臣清正効力，感動天合所致。著勤上加勤，慎之再慎。唯下合萬民之心，有何祥瑞嘉應不賜焉？」署理浙江藩司佟吉圖雍正二年五月十七日奏報路經直隸、山東，所見收成、民情均好，雍正帝因而說：「此皆皇父天神仁愛施恩佑助，爾等均忠誠助朕，以圖社稷萬民爲利，朕亦僅以己能，勤慎以報我大慈大恩之皇父。」無論農事、戰事、民情、官風，只要是好消息，雍正帝無不歸功於天恩祖德，並教導臣民應懷感激心態，公心理政。他一方面感恩，另一方面還求恩。查弼納雍正元年十一月初一日奏報，計畫從南京往揚州察視營伍，往蘇州查察布政使司庫；雍正帝應允，並云：「我君臣唯將此心稟告上蒼，以求天庥耳。」杭州將軍安鮐因爲得到皇帝的硃批指示，於雍正二年五月十三日恭上謝恩摺，雍正帝遂說：「爾等奮勉爲朕之知，朕之奮勉爲天地、聖祖皇考鑒之。我等君臣共同用功罷。」君臣共勉，用功於仰求皇天、皇祖恩典。

天人感應，君臣需要修省。清朝人相信，好年成是天地賜福於民；天災則是人事不修的表現，是老天爺降怒於無道、不謹的君臣，因而君臣應該修省。雍正帝將天意與人事緊密地結合在一起，是基於人事之理即爲天意的認知。他在雍正五年（一七二七）閏三月二十九日的上諭中說：「朕臨御天下，孜孜求治，凡所行之事，惟以循理爲本，誠以理之所

▲雍正 明黃緞繡雲龍天馬皮龍袍

在即天意所在，感孚默應，捷於影響。若朕所行，合於理，則問心無愧之處，即可以對越神明。」行事循理的理，就是朝廷的規章制度，體現了天意，所以雍正帝認爲他的行政符合天意，就是天意體現。前面已經談到天人感應的事情，雍正帝總是將收成好歸爲皇天后土賜福。比如查弼納於雍正元年四月初二日奏報麥收情形，雍正帝硃批謂：「此皆爾等省臣順乎萬民之心，感動天合所致者也。」晉撫諾岷雍正元年七月初三日奏報得雨及黃河水驟漲而速退不成災的情況，雍正帝立即想到天人感應，遂說：「唯虔誠祈禱天佛。」「爾等虔誠遵旨而行，萬民冤氣俱散，故而如此，乃理所當然。」查弼納雍正二年十月初八日奏報米價，雍正帝硃批：「爾等省大臣若心底駁雜，天必有所表露而已，凡事只在於自身行爲。天無心眼，全在於人。」查弼納同年十一月二十八日奏報官員受禮情形，雍正帝立即指出：「爾省近二年來有旱澇蟲潮之災，而此災害若非爾之過，即爲朕之非也。理當念及於此。」發生災害，不是地方官有過錯，就是皇帝有誤失，

▲繡龍披肩

君臣均應反省；上司接受屬員的禮物，表明「心底駁雜」，違背天理，所以上天稍事懲戒，應當高度警惕，予以改正。由此可知，天人感應之說既是雍正帝教導臣工的理論，也是他責難不如意的臣工的武器。

不可欺天滅祖。雍正帝在闡釋敬天的同時，還強調畏天。天人感應說就是畏天的一種形式。敬畏之道，還包含：畏天，不敢欺天；法祖，不敢滅祖。雍正帝在雍正三年（一七二五）二月十九日舉行耕耤禮。後來，他說，十八日夜間天陰，清晨出午門往先農壇去時，晴朗無風，溫和氣爽，及至祭禮完畢回宮之時，天降甘雨。對於如此之晴雨適時，雍正認爲「此皆皇考天神賜恩保佑所致，朕實感激天恩，而又誠惶誠恐。」誠惶誠恐，就是畏天，小心謹愼，依據天意辦事。雍正繼位之初給滿保的硃批云：「蒼天在上，我君臣實當赤誠相見。」對天賭咒發誓，潛臺詞是天不可欺，否則會遭天譴。天譴，對於君臣萬民來說，都是大禍。雍正帝講敬天畏天，更是落實到臣工對皇帝的敬畏上，尤其是對當今皇帝的眞

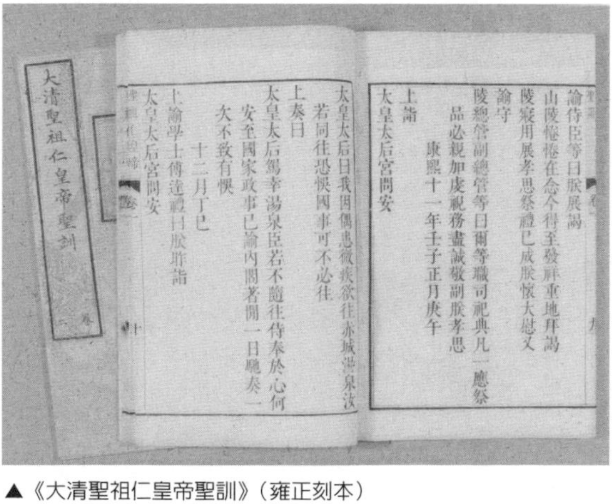

▲《大清聖祖仁皇帝聖訓》（雍正刻本）

誠態度。他提出，欺天就是欺君。雍正元年正月，雍正帝將山西布政使納齊哈升任湖廣巡撫，納齊哈上任前進京請訓，雍正帝問到山西災情；納齊哈回奏，部分地區有小災，巡撫德音已捐俸救濟。而後，雍正帝得知災情嚴重，而且地方官並未賑濟。爲此，他懷疑納齊哈黨庇德音，令其回奏。納齊哈乃於六月二十九日奏報其時情形，承認自己昏聵無知。雍正帝遂寫硃批予以教導：「若不修身端正品行，你央求於誰，亦不能遮朕之耳目。尤當慎之勉之，切勿有負朕恩，自招禍害。若照此而行，朕則不說什麼了。」這一番話的要旨是要忠誠於皇帝，不得欺蔽皇帝，有負皇恩；否則就是自取禍端。

五、各種祭祀天祖的活動

上一節我們交代了雍正帝對天祖的敬畏，現在讓我們來看他的實際行動，就是各種祭祀活動。

他的祭祀類型多種多樣，這裡僅述及對天地神靈、祖先和綜合型的三大類，而且只談

▲天壇圜丘

雍正四年（一七二六）、五年（一七二七）、六年（一七二八）三年的祭祀情形。

1.天地神祇之祭

雍正帝親自進行，或親自遣官祭奠的天地神祇，有天壇、社稷壇、先農壇、日壇、地壇、月壇、河神、龍王、風神等。

天壇之祭，最爲神聖，有兩種內容和儀式，一爲冬至祭天，一係年初祈穀祭天，是祭禮中的大祀，一般都是皇帝親自前往致祭行禮，不得已才指派他人代祭。雍正帝就曾兩次受康熙帝委派，代行冬至之祭。雍正四年十一月二十六日，時值冬至祭天。雍正帝先齋戒三日，二十八日在中和殿省視祭天的祝版，二十九日親往天壇，祀天於圜丘。這天也眞巧，祭禮以前下大雪，祭祀之時雪基本上停了，禮畢雪又下大了。雍正帝因此又對臣工進行了一場天人感應的說教：「此實上天垂佑之象，朕心甚慰，爾諸王大臣諒亦必共相慶幸也。」雍正五年十一月初七日，雍正帝以冬至祀天於圜丘，齋戒三天，初九日於太和殿視祝版，初十日祀天於圜丘。雍正六年十一月十八日，爲冬至祭天圜丘。與往年一樣，雍正帝齋戒三日，在太和殿視祝版，並親往天壇行禮。祈穀禮是同樣的隆重，雍正五年正月十一日，雍正帝以祈穀上帝齋戒三日，十三日於太和殿視祈穀祝版，十四日在天壇大享殿（乾隆間改稱祈年殿）行祈穀禮。雍正六年正月初七日，雍正帝又以祈穀上帝齋戒三日，初九日在太和殿視祝版，初十日大享殿行祈穀禮。在圜丘祭天的祭文中，皇帝對天稱臣，報告要務或默念願望；齋戒三日，不近葷酒和女色，不作樂，表示祭天的虔誠之意；視祝版，是圜丘祭天禮儀的預演，免得臨場出錯。

社稷壇之祭，是對土地神和五穀神的祭祀，每年

▲社稷壇五色土

▲清宮廷畫家繪《雍正帝祭先農壇圖》（局部）

春秋二祭，通常爲皇帝親行，亦爲大祀。雍正五年正月二十八日起，雍正帝因祭社稷壇齋戒三日，三十日在中和殿視祝版，二月初一日親往社稷壇行禮。八月初二日以將有社稷壇之祭齋戒三日，初四日在中和殿視祝版，初五日社稷壇致祭。雍正六年二月依禮舉行春季社稷壇祭禮，八月進行秋祭。

先農壇之祭有兩項內容，一項是祭先農，另一項爲舉行耕耤禮。雍正五年三月初十日，雍正帝以祭先農壇齋戒二日，次日在中和殿演習祭祀先農禮儀，接著至保和殿，觀看戶部尚書進奉的耕耤禮儀農器種子；十二日至先農壇，辰時（七—九時）致祭先農；午時（十一—十三時）躬耕耤田，行三推禮，復行一推；至觀耕堂，觀看莊親王允祿、怡親王允祥等行五推禮，尚書九卿行九推禮，並接見順天府大

▲中國皇帝親耕圖（西洋銅版畫）

興、宛平二縣令率領的耆老農夫；然後到齋宮，接受諸王百官的慶賀禮，並賜茶。此次耕耤禮的日期，禮部原定在二月二十九日，雍正帝改爲三月十二日。事後來看，二十九日那天天氣風寒，十二日則甚和霽，因而雍正帝在儀式中向臣工講解了天人感應之事。雍正六年二月的耕耤祭先農壇，齋戒、視祝版、躬耕耤田，如禮進行。雍正帝不只在京師祭祀先農，還於雍正四年下令州縣官選擇潔淨豐腴之地，設壇置耤田，舉行耕耤禮，爲民祈穀。雍正五年，禮部頒發地方耕耤禮儀注。不過，地方官對這個政策理解不一，有的官員不認眞辦理，虛應故事，糊弄上司和皇帝；一經發現，雍正帝就嚴懲不貸。雍正五年九月，當得知廣西臨桂令楊詢朋荒蕪耤田，致使顆粒無收，雍正帝將他革職，並罰他自費管理耤田十年，以觀後效。以後若有此類情形，以此爲例處罰。四川大邑縣令因可方借用民田充作耤田，虛應塞責，於雍正六年二月被革職，主管的邛州知州李壽民不行揭報，亦行察議。雍正五年七月二十八日，雍正帝以三年來京師耤田俱產雙穗至九穗、十三穗嘉禾，下令給予辦理耤田事務的官員議敘。次日向各省督撫發出上諭，謂雍正二年以來躬耕耤田年年出產瑞穀，並再次闡述天人感應之理：「朕敬天之心至誠至切，願與內外大小臣工共勉。」「稼穡爲天地之寶，實民生之攸關，我皇考聖祖仁皇帝臨御六十餘年，無刻不以重農力穡爲先務。」故朕竭誠效法，仰蒙上天眷佑，疊錫嘉禾。

朝日壇（**日壇**）**之祭**。雍正六年二月初八日，雍正帝以春分祭朝日壇而齋戒二日，次日在中和殿視祝版，初十日出朝陽門，至壇致祭。

夕月壇（**月壇**）**之祭**。雍正五年八月初九日，雍正帝以祭夕月壇而齋戒二日，次日至中和殿視祝版，十一日出阜成門至壇行禮。

方澤壇（**地壇**）**之祭**。依照慣例，皇帝應進行方澤壇之祭。雍正五年四月二十七日，雍正帝發出上諭：「朕從前因炎熱中暑，每至盛暑之時，心中稍覺畏怯。今年夏至爲祀地方澤，太常寺具奏，朕

▲方澤壇

見天氣尙涼，是以降旨親詣行禮，日來天氣甚覺炎暑，若勉強前往，轉爲不誠。朕一舉一動，皆本於實心，並無一毫矯飾，何況祭祀大典，此次停止親詣行禮。」祭神必須虔誠，不能勉強，身體之故，不便親行，遂令康親王崇安代往祭祀。夏至時天熱，雍正帝怕熱，所以方澤壇之祭遣人代行。

祭祀河神。雍正帝關注的河神祭祀有三處，即河源神廟、河南武陟縣黃河河神廟和江南清口運河河神廟。每次祭典，雍正帝都派員前往，並親自審訂祭文。雍正五年三月初八日，雍正帝於中和殿視祭清口河神、武陟河神的祭文香帛。同年十二月初三日，雍正帝在中和殿視祭河源之神、江南清口河神、河南武陟河神之祭文香帛。河源神的祭祀派遣副都御史常泰等前往；河道總督齊蘇勒派員進行清口、武陟之祭。每年的祭文，均根據當時的農田水利情形，表達願望和感恩之情。雍正五年，淮河運河流域淤地二萬二千餘頃陟科（開始繳稅），故對河源神的祭文寫道：「茲惟湖瀫之新淤，喜睹河濱之沃衍，乘天時而收地力，盈二萬頃之膏腴，裕國計而富民生，垂千億年之美利，感帝心之仁愛，念神貺之昭彰，特遣專官虔修祀典。」除了例行的祭典之外，還有特別的祭祀，如雍正四年十二月，河道總督齊蘇勒、漕運總督張大有等奏報黃河清，雍正帝以爲是祥瑞，次年加恩於百官，又於六月撰成〈御製黃河澄清碑文〉，感謝上天眷顧、皇考恩德，並令勒石立碑於清口、武陟兩處。雍正六年九月十六日，黃河運河工程竣工，雍正帝特遣河道總督齊蘇勒祭清口河神廟，副總河稽曾筠祭武陟廟，祭文、香帛均由京城送往。

祭祀河神之外，雍正帝還在京城塑立各省的龍神像，爲各省祈禱雨澤；另爲各省塑造大小二尊龍王神像，於雍正五年七月令各地督撫迎請，供奉於當地。十月初三日，江蘇巡撫陳時夏奏請迎請龍神像。雍正帝命將大像供奉在金陵，小像在蘇州供奉。他管得那麼細，說明確實是將此事當作一件大事來辦。

大高殿之祭。雍正五年七月中旬，京城連續下雨。十六日未時（十三—十五時），雍正帝由圓明園進西直門回宮，詣大高殿祭祀，向上帝祈禱，請求不要雨水成災；申時（十五—十七時）雨止天晴，雍正帝因而賞賜隨駕的鑾儀衛官員。

▲大高殿習禮亭舊影

風神之祭。雍正帝將清口風神封爲清和宣惠風伯之神，令河道總督四時致祭。雍正六年八月初七日，雍正帝在中和殿視祭江南清口風神祭文、香帛。

▲太廟享殿

雍正帝如此鄭重其事地祭祀天地神祇，並關心河神、龍王、風神之祭，是因爲認爲它們關係到民生、關係到農業收成，所以祈求諸神降福，不生災害，五穀豐登，讓百姓安居樂業。

2.祖宗神靈之祭

祖宗神靈的祭祀，有傳統的太廟、奉先殿致祭以及拜謁祖陵。此外，雍正帝還創設了壽皇殿、恩佑寺之祭。

太廟行禮。太廟爲皇帝家廟，供奉祖宗牌位，祭祀有時享禮、歲末祭、特殊事情的告祭。祭禮屬於大祭，與祭天、祭社稷相同。雍正四年九月二十七日，以孟冬時享太廟，齋戒三日，二十九日在中和殿視祝版，十月初一日至太廟致祭。雍正四年十二月二

▲奉先殿後殿內部舊影

十六日，因歲暮致祭太廟，齋戒三日，二十八日在中和殿彩排，二十九日至太廟行禮。雍正五年正月孟春時享、四月孟夏時享、十月孟冬時享太廟，雍正帝皆齋戒三日，在中和殿視祝版，並親往太廟行禮。雍正五年十二月下旬，以歲暮儀禮祭祀太廟。雍正六年亦行孟春、孟夏、孟冬時享太廟齋禮。這一年，雍正帝還給清太祖、太宗、世祖、聖祖，及皇后加上尊謚。十二月十七日，雍正帝恭奉為帝后加上尊謚的玉冊、玉寶於太廟，行禮。

奉先殿祭典。奉先殿位於大內，分前後殿，裡面供奉著歷代帝后的神龕。每月朔望、萬壽、冬至等節令，神主誕辰忌日，以及其他節令日，皇帝往祭；

帝后神主升祔、冊封、經筵、耕耤等大典，皇帝往行告祭禮。雍正四年正月初一日，雍正帝在接受百官朝賀新禧之前，往奉先殿行禮。同年十一月十三日係康熙帝忌辰，雍正帝詣奉先殿行禮。雍正五年正月初一日，雍正帝在奉先殿行禮。十月三十日，雍正帝因自家生日，前往奉先殿行禮。十一月十三日，康熙帝忌辰，雍正帝又往奉先殿行禮。

壽皇殿之祭。壽皇殿在景山，原爲康熙帝停靈處。雍正帝爲紀念父親，在此陳設康熙帝的畫像，並不時前來祭拜，使之成爲專門紀念康熙帝的場所。乾隆帝以後將此處變成存放歷代祖先影像的紀念之地。

▲景山壽皇殿

雍正四年（一七二六）正月初一日上午，雍正帝先後至堂子、奉先殿行禮；隨即到中和殿，接受內大臣、侍衛及內閣翰林院禮部都察院詹事府等官員慶賀元旦禮；又至太和殿，受諸王貝勒貝子公文武官員，來朝外藩及朝鮮等國使臣進表，行慶賀禮。然後到壽皇殿祭奠。這是元旦例行之禮。其他的祭祀，多在康熙帝忌辰或雍正帝生日時舉行；還有不少次，是在雍正帝從圓明園回宮時舉行的。雍正四年十一月十三日是康熙忌辰，雍正帝在奉先殿行禮後又至壽皇殿行禮。十七日至二十四日，雍正帝駐蹕京北湯泉，二十五日回宮，先詣壽皇殿行禮，而後進神武門回宮。十二月二十九日，雍正帝以歲暮至壽皇殿行禮。雍正五年正月初 日，雍正帝到壽皇殿行禮；二十五日自圓明園經西直門回宮，先詣壽皇殿行禮。二月，雍正帝往清東陵謁陵，十七日回京，進東直門，徑直詣壽皇殿行禮，而後回宮。四月初五日，殿試傳臚，禮畢，雍正帝詣壽皇殿行禮。雍正六年二月初三日，雍正帝自圓明園回宮，詣壽皇殿行禮；三月二十八日、八月初五日、九月二十八日亦復如此。從圓明園回宮，先去壽皇殿行禮，成爲慣例。由此，亦可推知雍正帝駐蹕圓明園的時日。

▲恩佑寺山門

恩佑寺行禮。雍正帝爲紀念乃父，將康熙帝生前在暢春園的寢宮闢爲恩佑寺，不時前往祭奠。其祭祀時間似亦有規律可循，即，宮中到圓明園的往返路上，順道至恩佑寺。雍正五年（一七二七）正月十九日，雍正帝

▲康熙皇帝的景陵

由神武門出西直門，至恩佑寺行禮，然後駐蹕圓明園。三月十五日，因往圓明園，詣恩佑寺行禮。三月十八日是康熙帝誕日，雍正帝詣恩佑寺行禮，一日不理事。十九日爲皇太后誕日，亦不理事。七月十二日，當天下雨，雍正帝自圓明園冒雨步行至恩佑寺，在康熙帝御容前叩懇止雨，而後回宮。雍正六年正月十三日，赴圓明園，二月二十日又赴圓明園，兩次均往恩佑寺行禮；正月二十五日、三月十八日回宮途中，亦至恩佑寺行禮。

謁陵。雍正帝前往遵化拜謁祖陵，尤其是拜掃康熙帝的景陵。雍正五年二月初十日，雍正帝前往遵化謁陵，十三日拜謁孝莊文皇后昭西陵、順治帝孝陵、孝東陵，至隆恩殿行禮。他對康熙帝景陵的祭祀甚爲動情，所謂：「步入隆恩門，至寶城前行禮，致奠，哀慟不能已，近侍大臣敦請再四始罷哭，至陵寢門外猶含泣不已。」雍正五年初出現了所謂「黃河清」的祥瑞。雍正帝於三月初二日派遣康親王崇安告祭景陵，祭文云，河清是聖祖六十一年深仁厚澤感動神靈所致。

雍正帝自己對康熙帝盡孝，曾經發上諭向臣下說：「朕之思念皇考皇妣無時無刻稍釋於懷，而於吉旦清晨必焚香瞻禮。」如果官民對皇家的禁忌留心不夠，就有可能獲罪。雍正帝就曾對兩個在康熙帝忌辰日大擺婚宴的官員進行了懲治。雍正五年康熙帝的忌辰日，福建晉江人、候選州同李尊仁演戲，木人被革職，涉案多人受審查。雍正六年六月二十八日，游擊劉繼鼎因於上一年康熙帝的忌辰日婚娶，被革職治罪。可是，雍正五年的「御曆」（皇帝所用之日曆）在康熙帝忌辰這天（十一月十三日）注有「（宜）婚姻宴會」的字樣，通行曆本（皇曆）所載亦同，因此雍正帝指責曆法有誤。此後，日曆不得在太祖、太宗、世祖、聖祖的忌辰日載入宜於婚嫁宴會喜慶等事，成為定制。

3.綜合性祭祀對象的堂子之祭

▲堂子舊影

祭堂子，爲滿洲人所特有的祭禮，所祭神靈有天、祖、佛，還有關帝、馬神、田苗神等。它不僅是皇帝個人祭祀，滿洲貴族亦與祭。雍正帝在位的前期，每年元旦的第一件事就是前往堂子祭祀。雍正二年（一七二四）正月初一日，雍正帝率諸王、貝勒、貝子、公、內大臣、侍衛、大學士、都統、尙書、精奇尼哈番（子爵）往堂子行禮。三年、四年、五年、六年皆率領這一干人等往堂子行禮。

上述種種祭禮的頻繁舉行，反映出雍正帝對天祖的眞誠態度；他並非表演作秀，虛情假意地對臣民進行說教。對於皇帝信仰天地神靈佛教道教和崇拜祖先，有個時期，人們曾以爲全是虛假的，是做作，是欺騙百姓的手段，是麻醉人民的精神鴉片。其實，皇帝也是人，他們對天地祖先的信奉很大程度上是眞誠的。雍正帝不經意間說出、寫出的感激天恩祖德、將好事歸爲天祖施恩的話，不但表明他自己是這樣認識的，而且也爲說服臣民。他說「天無心眼，全在於人」。「天」是不可見的，但也是不可欺的。雍正帝是怕天畏天的。他因怕熱，不敢在夏至期間勉強去方澤壇祭祀，也是爲做到祭祀必須眞誠才做出的決定。雍正帝的各種祭禮還透露出一個訊息，就是對乃父康熙帝的崇敬、孝行、紀念懷有高度熱情，始終不衰。壽皇殿影像館的開闢，成爲清朝皇家家法，爲皇帝追念先人創造了一種新形式。如果不是發自內心，這是很難想得到的，也很難爲後人認可和繼承。

六、體諒臣工與勇於認錯

為君難與為臣不易是對應的觀念。為君者知道為君難，但是也應該體察到為臣不易，讓君臣雙方互相體諒，有感情地處理好雙方關係，才有益於朝政。

曾經作過康熙帝侍衛的拉錫，於雍正六年（一七二八）二月初二日在江寧將軍任上回憶說：「昔日聖祖在世時曾對奴才等曰：『皇帝之苦，唯皇帝知之，何人能知？』茲聖主日理天下萬機，宸衷勞頓無暇歇息，非御前行走，親身經歷者，即使朝中大臣亦未必悉知，想到此處，奴才不禁淒然。」拉錫只知勞頓之苦，而不知皇帝責任終生

▲胤禛行樂圖

不得卸肩和心理壓力不得解脫之苦惱。儘管如此，他已經比其他臣工多體會到一些爲君難了。雍正帝對爲臣不易有所體認，爲此，他知道應給臣工以恩惠，發現用人不當或自身有錯應羞愧自責；對忠於職守的良臣，甚至視之爲恩人。

體諒「爲臣不易」。兩江總督查弼納於雍正元年（一七二三）五月二十六日奏報稻秧即將插完，雍正帝大喜，在摺子上寫道：「唯彼此體恤『爲君難』、『爲臣不易』，上蒼必加厚愛。」他肯定對方勤於民事，同時表示自家懂得「爲臣不易」的道理，應當體恤臣下。山西巡撫諾岷雍正二年閏四月初九日摺奏養廉銀事，硃批曰「今我君臣皆爲學而辦事，難保無誤」。皇上知道，辦理這樣的新事，沒有經驗可循，可能會有失誤，但是不要緊，即使有錯，也是可以原諒的。喀爾喀副將軍策凌於雍正五年七月十八日奏報圖理琛與俄羅斯使臣會商邊界，議定「恰克圖條約」事，雍正帝硃批：「此事爾等責任大，關係萬年是非之名。朕將爾等信而用之，是非在於爾等，日後或有議論。」又說：「至於地方應否如此辦理，朕今不深知，故不能降旨言是與否。」雍正帝坦白地承認自己邊疆事務知識不足，不能發出明確指示，惟要求臣下認眞理論，彼此顧及名

▲雍正御筆「勤政親賢」匾

聲。靖邊大將軍傅爾丹等人在雍正七年（一七二九）七月初九日奏謝皇帝遣官員修路、備飲料以利行軍，雍正帝說這是「朕理應施恩者，但思量職掌官事者懈怠而不沾朕恩」。荊州將軍吳納哈在雍正七年十月初一日奏報豐收，雍正帝硃批云：「眾人對朕教誨之恩，尚未心悅誠服，此皆由爾等懶惰無知所致。」可見，雍正帝想通過體諒臣工的難處，施恩以求得臣下心悅誠服、感恩圖報。

▲清人《圓明園圖詠》之「勤政親賢殿」

承認用錯人，並愧悔莫及。從消極方面說，皇帝用錯人，是沒有眼力，是丟人沒面子的事，所以要嚴加警惕。雍正帝在不同時間給圖理琛的三份批件中，著眼點都是官員不要給皇帝丟臉，免得有用人不當之咎。給兵部郎中圖理琛雍正元年（一七二三）八月二十三日奏摺的硃批：「參爾之人甚多，朕排眾議，任用於爾，斷不可有辱朕之顏面。」給廣東藩司圖理琛雍正二年十月十五日奏摺的硃批，要求其行事：「慎尤慎之。」「勿玷污朕之臉面。」陝西巡撫圖理琛在雍正三年九月二十五日奏報豐收，硃批：「爾能如此爲朕作臉，朕實在未曾想到。委實喜悅。」由此可見，雍正帝掌握著這樣的原則：爲皇帝丟臉者責之；獲得好評者獎賞之。

雍正帝對大功臣年羹堯、隆科多原先是表彰、施恩到人臣所難得的程度，後來嚴厲整治他們，並認爲他們各有黨人，擴大了打擊面。事後，雍正帝多次自責，表示無顏面對臣工，體諒某些人與年羹堯、隆科多的關係，予以開脫。左都御史查克旦在雍正三年（一七二五）五月十一日上摺參奏年羹堯屬員、固原提督楊啓元；雍正帝就此寫道：「今年羹堯諸多奸惡之事皆已敗露，朕實甚不好意思了。豈有此理？在世上如年羹堯負恩之人未必再有。朕今恨伊之意是輕，確是自己不明，愧悔莫及。」他承認自己看錯了人，用錯了人，追悔莫及，甚爲沉痛。查弼納在雍正三年七月初九日的奏摺中涉及署理江寧巡撫、江南提督何天培；雍正帝說他「絕非負朕、棄主、重異黨之大臣，只不過懼怕年羹堯而迎合罷

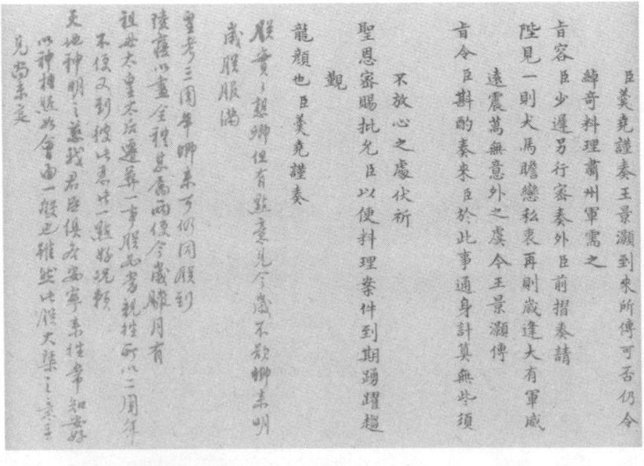
臣羹堯謹奏王景灝到來所傳可否仍令
綽奇料理肅州軍需之
旨容臣少遲另行密奏外臣前摺奏請
陛見一則犬馬瞻戀私衷再則嚴達大有軍威
遠震萬無意外之虞今王景灝傳
旨令臣斟酌奏來臣於此事通身計算無些須
不放心之處伏祈
聖恩密賜批允臣以便料理案件到期踴躍趨
覲
龍顏也臣羹堯謹奏
朕實實想卿但有點意見今歲不欲卿來明
歲朕服滿
皇考三周年卿來可以同朕到
陵寢以盡全禮其為兩便今歲臘月有
祖母太皇太后遷葬一事朕必需親往所以二周年
不便又到陵上去此一點好說頭
[illegible]

▲年羹堯奏請陛見摺

了。此皆朕錯用年羹堯之過，朕確無責備何天培之意」。這表明他通情達理，看出何天培並非有意黨附年羹堯，只是懼怕年羹堯勢大，而不得不應付他，因此不再懲治何天培。圖理琛在雍正三年十月初二日奏報年羹堯當年慘殺陝西無辜百姓一事，雍正帝硃批：「還有比生命更羞愧的事麼？朕實在慚愧。」雍正帝承認了用人不當的錯誤，表示羞愧至極。

關於隆科多，雍正帝也承認用人有誤，故在查弼納雍正三年（一七二五）正月初八日奏摺上批寫：「由科抄處爾或已得聞，誠王（允祉）、隆科多乃志驕自私貪婪卑鄙之人，朕錯信用人矣！」他因大臣不能輸誠盡職而自責。雍正帝深知人不可能不犯錯誤，但重要的是能夠知過必改。他在雍正五年三月十一日發出的上諭中即以此自勉。他的這番話非常有意思，不妨過錄於此：「天下庶務殷繁，人情詐僞，變幻百出，蒙蔽欺罔之處往往有之，而（朕）一時聽從，遂不能不有所錯誤，此亦勢所必然。惟知其錯誤而即爲改易，不存回護之見，則誤者可以不誤，而是非昭然，人亦知所儆懼。所以古之聖賢，不曰無過，而曰改過不吝，朕常以此自勉也。」

由用人不當而感激良臣爲恩人，知其爲臣不易。雍正初年重用的疆臣有山東巡撫黃炳、四川巡撫蔡珽、安徽巡撫魏廷珍等人。後來，黃炳因操守不謹，蔡珽因監禁屬員致死而獲罪，雍正帝因而在查弼納雍正二年閏四月初一日的奏摺上寫道：「今有黃炳、蔡珽、魏廷珍，皆難多容留。每想到此，即要流淚。得人甚難，如何爲好？故以爾等幾名忠誠省臣，不僅爲朕之忠臣，實視爲朕之恩人。」本來是非常信任的人，現在卻要整飭他們，故而傷心，以致要落淚。對比之下，那些忠貞不二的臣工，爲皇帝保存了臉面。雍正帝因而對他們心存感激，甚至把他們視作忠臣和恩人。皇帝譽臣工爲忠臣不算什麼，而說成是自己的恩人，實在是不尋常。自來是臣工將皇上當作恩人，哪有君主把臣工看作恩人的？雍正帝這樣說了，表明他對爲臣不易有著深刻的理解。

七、強調君臣以誠相待

雍正帝在臣工奏摺的硃批中反覆說明君臣一體，應當同心同德，以誠相待，彼此應肝膽相照，互不負心。

臣下尤其要有良心，有竭盡忠誠的觀念，君主則應有愛惜臣工之心。他以此教導臣工，也以此自律。

反覆與多方面強調君臣應有相待以「誠」的態度。雍正帝在閩浙總督滿保雍正元年

（一七二三）六月十七日的奏摺上寫道：「君臣相互信賴，凡事開誠相見，毫無掣肘疑懼之症，則何事不成？我君臣唯求一個『誠』字，彼此體諒愛惜，勿玷負皇考多年養育之恩。落淚而書。」流淚書寫君臣相待以誠之道，這是多麼鄭重，多麼動感情啊。稍後，他又在滿保雍正元年十一月初九日的奏摺上硃批道：「我君臣推誠相待，其益無窮。」雍正二年六月二十四日奏摺的批示是：「君臣之間，幾分信任幾分利，幾分猜疑幾分害，關係甚大。彼此唯求『誠信』二字。」可見，雍正帝反反覆覆強調臣下應對君主心懷忠誠。雍正元年七月二十七日山西巡撫諾岷奏摺的硃批謂：「爾此奏甚眞誠，朕覽摺大爲嘉許。」雍正二年二月初一日，副將軍阿喇衲奏報巡撫綽奇辦事觀望推諉，硃批謂「爾之所奏，至爲誠實」。奉恩輔國公法爾善雍正十一年（一七三三）十二月十三日奏報陵寢事務，硃批：

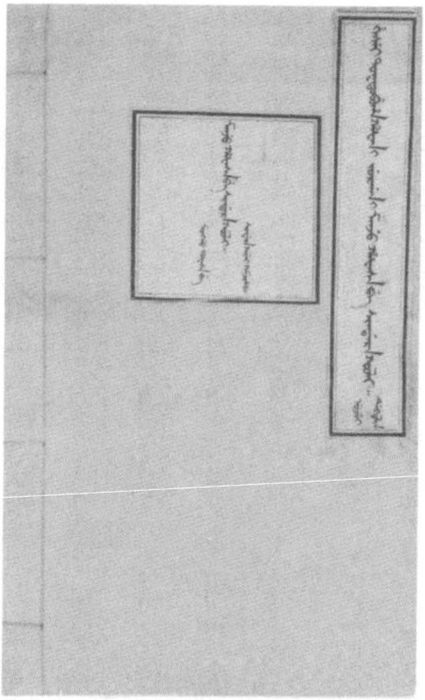

▲雍正帝敕撰《吏部銓選滿官則例》（雍正三年滿文刻本）

「此辦理者係出以誠意辦理，殊堪嘉獎。」這三件硃批，都稱讚了具摺人的忠誠態度。宗室賴實雍正二年正月初八日奏報康熙帝駕崩之時有人胡亂議論。雍正帝爲此硃批云：「爾爲宗室，對朕如此誠意謹奏，朕甚嘉之。惟爾爲朕放寬心，朕斷不致大錯，可自保身。」雍正不僅誇獎賴實忠誠，還讓他放心，保證自身不會有錯。

雍正帝講「誠信」，具體內涵是：君臣互相信賴，互不辜負。查弼納於雍正元年八月初十日奏報整飭驛站營伍的情形，雍正帝表示：「朕信賴爾，對爾朕一向絕非負心之君。」君主對臣下說自己不會負心，也即做出保證，實在不尋常。雍正元年九月十八日諾岷奏摺的硃批：「爾即照此矢志向前，即便朕有負於爾，上蒼亦必知垂愛於爾。」雍正帝因剛執政，不熟悉政事、不識臣工，非常希望君臣合作，臣下盡力，故而表示不會辜負臣下。他在滿保雍正元年九月十一日奏摺上寫道：朕「實無指教爾等省臣之才；再者，初理政務，亦甚生疏，全賴爾等內外之臣，竭力以求。若實心黽勉而行，朕斷不有負臣等」。不負心，應知恥，故雍正帝又對滿保說「我君臣應知恥以求」。他還在河南巡撫田文鏡雍正二年十二月十五日奏摺上寫道：「朕就是這樣的漢子，就是這樣秉性，就是這樣皇帝，爾等大臣若不負朕，朕不負爾等也。」他反反復復地講君臣各不負心，是爲強調君臣互相誠心相待。

「誠」的另一個涵義是君教導臣，臣進諫君，互信糾正偏差。雍正帝在滿保雍正元年四月二十四日奏摺寫道：「我君臣共勉。彼此之間，朕則訓示，爾則勸諫矯正，內外一心，爲國家萬民謀利益，仰答皇考多年養育之恩，孜孜以求保全先帝顏面，著勤上加勤，慎之又慎。」又在滿保雍正元年十一月初九日奏摺上硃批：「我君臣彼此唯期進諫提攜，若爾等無負皇考多年養育高厚之恩則善也。我君臣時刻毋忘警惕，竭力黽勉。」他要求君臣互相提攜，臣遵君訓，君聽臣諫，如此諄諄言之，看來態度非常誠懇。

雍正帝講求誠信的重點是反對臣下欺瞞。鑲藍旗蒙古副都統匡喜雍正四年（一七二六）十二月初八日奏摺的硃批道：「各大臣爾等以誠心爲國家効力，以輔助朕，好生行走。於事稍稍糊塗則可，但勿得欺誑行事。」辦事不力尚可原諒，而欺罔則是絕對不能允許的。雍正帝在湖廣巡撫納齊哈雍正元年九月初七日奏摺上批示：「庇護他人，欺瞞於朕，有負朕之任用，抑或朕錯用爾等矣。我君臣皆需細心檢討各自之錯誤，實心實意治理政務。」如果出現欺瞞的現象，臣下應檢查欺蔽之罪，君主則須檢討用人不當之咎。雍正二年十一月初三日查弼納奏稱：「爲臣者事君，其殫竭血誠而無隱者，方謂爲爲公効力。」硃批：「言及於此，皆與爾同，而所行相符者則少見。」雍正帝希望臣下實踐誠而不欺的諾言。都統褚宗雍正三年二月十八日請安摺的硃批

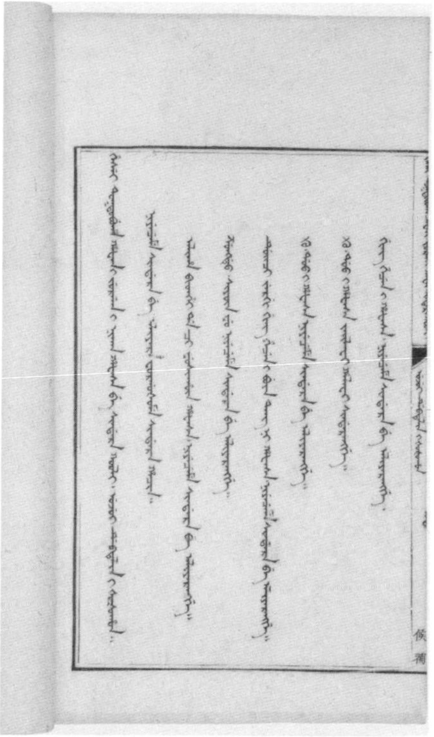

▲雍正帝敕撰《吏部銓選漢官則例》（雍正三年滿文刻本）

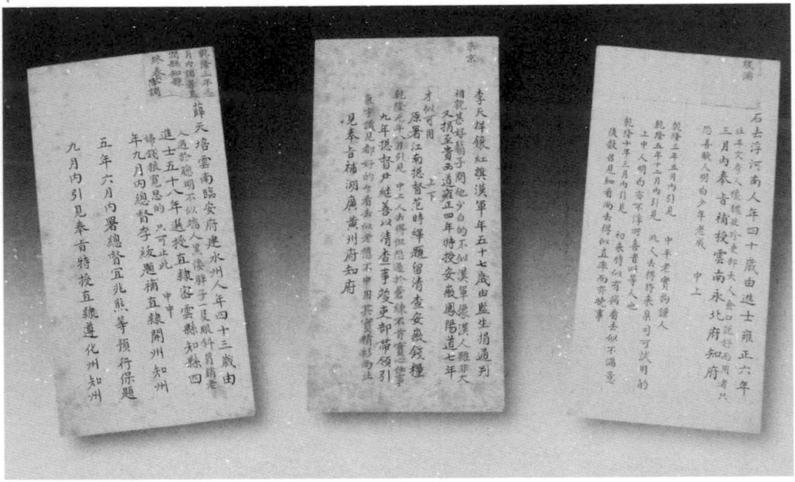

▲雍正硃批官員履歷片

說：「凡所奏惟圖盡忠，絲毫不可隱瞞，亦不可編造，惟據實具奏。」雍正帝以虛誇不誠實爲不忠。奉恩輔國公法爾善雍正十二年（一七三四）五月初四日興奮地奏報京城得雨，硃批：「下點小雨，有何不勝歡忭之處？所奏誇張不忠。」靖邊大將軍傅爾丹雍正七年（一七二九）十二月十六日奏報率領兵丁返回軍營，硃批責備奏報不實：「覽奏心灰意冷，若忍心如此隱瞞而行，有何興趣？若一處也不可信，則又有什麼可說的？此風如何是好？此皆朕不能感召不忠才淺大臣等所致。除自責外，亦怨爾等不體面了。」杭州將軍阿里袞雍正八年四月初三日奏報訪查總督李衛奏摺，硃批：「斷不可爲迎合朕意而捏造具奏。」這些硃批表明，雍正帝深知報喜不報憂、隱瞞、欺蔽、瞞上不瞞下乃官場風氣，難於改變，但他不放棄努力。

八、對臣工的要求

建功立業，流芳百世，應是臣工努力的方向，為此大臣們不得尸位素餐，不承擔責任，遇事推諉，讓皇帝遭埋怨，受惡名；更不得懷挾私心，瞻顧徇隱，結黨營私；辦事認真可能受到排擠，遭人非議，但不應懼怕。

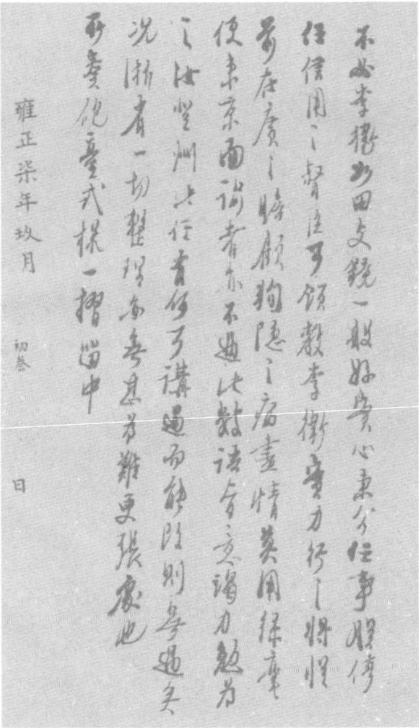

▲雍正硃批奏摺。內有「李衛如田文鏡一般好，實心秉公任事，朕倚任信用之督臣」之語。

勖勉大臣有守有爲，流芳百世。雍正帝在滿保雍正元年（一七二三）六月初九日謝恩摺上寫道：「封疆大吏，名芳千古，即是報答皇考及朕矣，勉之。我君臣內外大小員職，倘能英名天下萬世，其光彩榮耀更有愈此乎？」雍正元年七月初三日，諾岷奏摺得到的批語是：「若能名留萬年，即爲報答朕矣。」雍正帝賜予諾岷「眞如鄭里」匾額。諾岷寫奏摺謝恩，硃批遂寫道：「我君臣苟能恪守此道，必爲萬世之人也。」署理撫遠大將軍延信雍正元年九月初七日的奏摺，得到的硃批是：「萬年芳名此時不立，豈知承恩也。」幾件硃批，不憚其煩，教導臣下要努力留名後世。振武將軍巴賽雍正五年（一七二七）五月二十一日上謝恩摺，雍正帝遂說：「言之甚易，而行之則難，況且，匡正流弊、痛改舊習則更難。無非以朕之所見及經歷，盡心盡力指教大臣等，……但有數名大臣能心領神會，竭力黽勉而爲表率之臣，則屬大清國之福，屬朕之福無窮矣。著黽勉。」雍正帝繼位，以匡正流俗，改革積弊爲己任，希望臣下與之同心協力，成就大業，君臣都能流芳萬世。

胸懷大志，敢作敢爲，爲推行新政不怕遭人嫉恨而承受惡名，不可做無大志的小器之人。侍讀學士常寶因得到兩次嘉獎，於雍正十二年（一七三四）四月初八日上摺子奏謝。雍正帝卻因他對待流放犯不嚴厲而教導他：「女流憐憫輕視國法，以此小氣（「小器」？）愚昧心之本領，何以可爲大名人？朕期爾之意，灰心失望，再不覺悟，不過爲一地小氣（小器）保衛自身之當差人而已，可爲無用之物。」

雍正帝堅決主張爲政務實，強調人們應追求實至名歸，而不應徒取虛名。此種觀念集中體現在下述兩件奏摺的硃批上。履郡王允祹雍正元年（一七二三）十一月十四日奏摺的硃批：「謀奸宄狡詐之虛名，朕一世愧而不行。……應棄僞名。」廣東藩司圖理琛雍正二年十月十五日奏摺的批示曰：「並不在於爾等之此奏，在於自己誠實而行，再取虛名之事，全然不可。……徒取虛名，朕甚厭惡。」有些事君主不便說，或者不便明說，但又要辦理，如財政經濟中催徵積欠、追取贓款及於貪官的家人親友，便讓臣下出面，辦理者可能因此招致惡名，不過應有這種擔待。故而，雍正帝就查弼納雍正元年九月初一日奏報開捐事說：「甚有理，很好，但朕難以降旨。」陝西巡撫圖理琛雍正三年十月初二日摺奏提出，督撫標營兵丁補用滿洲幼丁，以改善旗人生計。但這種措施不但改變了定制，而且侵犯了漢人的利益，因此硃批云：「朕原來亦曾有此意，但關係甚大，朕未敢行。此事朕不能降旨。爾身爲滿洲，率先行此事，必遭全省綠旗之怨恨。」也就是說，這件事如果由總督、漢人大臣岳鍾琪出面就可以了。

▲胤禛行樂圖

操守要好。臣下要有守有爲、有能耐，同時一定要廉潔奉公，不得貪贓枉法。雍正帝屢屢指責旗人的操守不謹。散秩大臣兼副都統達鼐收受土司贈送的盤纏銀二千九百兩、馬騾六匹；後覺得不妥，歸還二千兩，並於雍正七年（一七二九）五月奏報此事。雍正帝對他一通臭罵，甚至辱及其父母：「不懂羞恥，父母生養成這樣，只值這幾兩銀子麼？」歸化城都統丹津雍正十二年（一七三四）十二月十三日奏謝皇帝賞賜醫藥，雍正帝就此教導他：「欲報答，則勤於操守。斷勿效法蒙古人不體面惡習。」

臣下公忠體國，不得徇情瞻顧和結黨。貝子允禑家人路過山西橫行不法，巡撫諾岷卻未加奏報。雍正帝遂在諾岷雍正二年（一七二四）七月二十一日的奏摺上責難：「隱瞞不報，殊負於朕，爲此朕頗心寒。」直接責其不忠。杭州將軍安鮐雍正二年七月二十八日奏報浙江大吏情形，謂巡撫黃叔琳勤於事務，操守比前任好。雍正帝認爲他徇情蒙蔽君王，硃批責問他：「黃叔琳痛打商人致死，三次罷市之處爲何不奏聞朕，反而爲黃叔琳巧奏，因此朕甚寒心。」查弼納於雍正三年五月十三日奏報與隆科多結交所犯的錯誤。硃批指斥他前與蘇努、現與隆科多勾結，「務與朕作對，朕亦無奈也」。因此不能再保全他了。齊齊哈爾副都統額爾欽謝恩摺的硃批說：「若輕朋友之禮，重君臣之義，有何不成之事，幸福將自行降臨，罪責斷難臨頭，朕篤定。」輕朋友之義，重君臣之倫，是大是大非的原則，硃批皆以此爲意。

九、以民為本，推行教化

雍正帝接受儒家的民本思想，認為君民一體，懂得以民為本的道理，因而他推行了相應的社會經濟文化政策，即重視農業生產，加強對民間的教化。

對於「君民一體」的思想，雍正六年（一七二八）三月初三日，爲論述恤民減免錢糧事，雍正帝發布上諭直接作出了說明：「君民上下之間，休戚相同，本屬一體，《論語》曰『百姓足，君孰與不足』，是民間之生計即國計也。」他這是從國家大業與民間生計的一致性去認識君民的一致性，去理解君民一體。君民一體，君主、官員、百姓三者的關係，在雍正帝的觀念裡，不消說是一致的。他在兩江總督查弼納於雍正二年（一七二四）三月初四日奏報江南普降大雨的奏摺上寫道：「朕之福，即爲爾等之福；爾等之福，即爲萬民之福。其間，實無絲毫懸隔區別。」他的意思是說，基於上天賜福皇帝，皇帝有福，百官、百姓皆得福，所有人都是受福於天。

君民一體，是儒家思想。《尚書》講「天矜於民，民之所欲，天必從之」、「天視自我民視，天聽自我民聽」。意思是，上天可憐百姓，必從百姓之願，讓他們受益得福；作爲統

▲壽山石「親賢愛民」璽

治者的君主是聽天命的，但是天是顧恤百姓的，是體恤民間疾苦、傾聽百姓呼聲的，所以君主聽天命，不如去了解民氣，體察百姓的願望。筆者沒有見到雍正帝的類似言論，不過天視、民視、天聽、民聽關係的理論，對他來講，應當是常識。所謂君民一體，君主對天負責，就必須懂得民視、民聽的道理，並且付諸實踐。

在民本觀念的指導下，極其重視農業生產。雍正五年（一七二七）三月初三日，雍正帝特地發布重農的上諭，引用了《尚書》、《詩經》、《論語》、《孟子》等經典的有關論述之後，說：「蓋國以民爲本，民以食爲天，農事者，帝王所以承天養人，久安長治之本也。」他篤信傳統觀念，以爲國家要長治久安，唯一的辦法是重視農業、發展農業，令百姓豐衣足食。在人口增加而耕地有限的情況下，如何發展農業生產？雍正帝並無妙方，也不可能有妙方。他只是提出：宜於種植五穀之地種糧食，不宜之地「不妨種他物以取

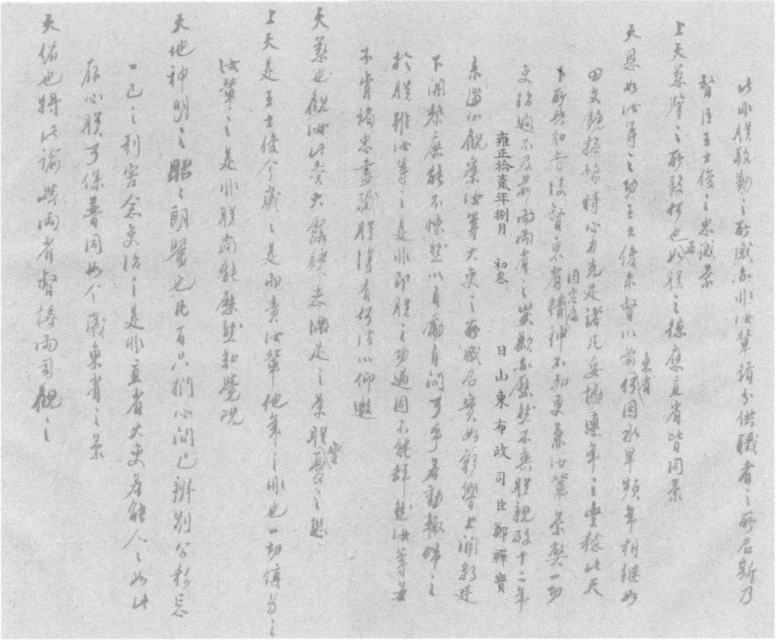

▲雍正硃批山東秋成可望豐登摺

利」；宜於種穀物之地不得培植果木取利，妨礙糧食生產；勸民勤耕，不可怠惰；不必懼怕穀賤傷農，其時官方會進行調控；節約糧食，不得浪費，不得用穀物養豬養雞。雍正六年二月十二日舉行經筵，講官孫杜、勵廷儀進講《孟子》「后稷教民稼穡，樹藝五穀，五穀熟而民人育」三句。雍正帝因而說，聖人創造農業，「養育萬民，傳及後世，田疇既闢，成法俱詳，爲君臣者倘不能實盡其重農務本之道以厚民生，對之古人，能無深愧？」雍正帝意在遵守成法，眞正實現重農務本，他甚至怕影響糧食產量而限制果木種植。因而，他並沒有比前人多邁出一步，雖無愧於古人，但其對農業生產的論述，實在不足爲訓。

對百姓進行教化，希望收到理順民氣的效果。本章第三節說到雍正帝在西安將軍延信雍正四年（一七二六）十月十二日奏摺上的批示，要求官員「理順兵民之氣」，意思是讓兵丁、百姓歡樂，民間喜氣洋洋。百姓能夠快樂，在於風調雨順，收穫豐盈，還在於施行教化，讓百姓懂得倫理，知道「爲君難」、「爲臣不易」的道理，體會皇帝的恩德。雍正五年八月初六日的經筵，講官德新、蔡世遠進講《尙書》「后克艱厥后，臣克艱厥臣，政乃乂，黎民敏德」一節。《十三經注疏》對這一節的疏解是：「敏，疾也。能知爲君難爲臣不易，則其政治，而衆民皆疾修德。」《尙書》及注疏的意思是，君上懂得爲君難，臣工懂得爲臣不易，必然政事大治，百姓因而知道並勇於講道德，做良民。雍正帝君臣關注「爲君難」、「爲臣不易」，對民間講，就是令百姓懂得君君臣臣民民的各自本分，順理成章地去做順民。

雍正帝的君民一體、理順民情的觀念，也落實在政策方面。如，他制定和施行耗羨歸公制度，限制、減少官員的稅外賦斂，實際上減輕了民間負擔。又如將康熙帝的「上諭十六條」衍化爲萬言書《聖諭廣訓》，頒布全國，命令在官員、生員和兵民中間宣講，而且每月初一、十五都要進行，以此向百姓宣傳做人準則。

總之，以「爲君難」爲座右銘，表明雍正帝懂得爲君之道，應當自律，不能恣意妄行。爲此，一要合於天心，也即順乎民意。二要遵循祖法，又要革除弊政。三要行爲得體，顧全顏面，令臣下信仰。四要富有才具，能夠識人，善於用人，令之建立功業，使朝政清明，百姓頌德，致天下於治世。「爲君難」，體現了雍正帝積極有爲的精神狀態，激勵他勵精圖治，推行社會改革大業，令清代社會持續發展，使其本人成爲中國歷史上難得的傑出帝王。總的來講，面對「爲君難」，雍正帝的答卷是合格的。

第三章

雍正朝的君臣關係

雍正帝以「為君難」為座右銘，也理解「為臣不易」。他深知皇帝的政見是靠臣工貫徹執行的，君主與臣工確實是「君臣一體」的，得力的大臣就是皇帝的左膀右臂，皇帝的股肱。對於這種認識，第二章已經多所披露，想來讀者已有印象。正是基於君臣一體的認知，雍正帝常說，皇帝的作為，第一就在用人，如雍正三年（一七二五）四月二十一日上諭說：「為政首重安民，而安民必先察吏。」「為治之道，首重得人。」現在，我們就來介紹雍正帝的用人情形和得失。在敘述之中，按照常規，一定要有用人行政的狀況，以此見政策施行的後果。筆者在此之外，著墨於雍正帝與臣工的感情交流。從他獎勵、關愛、儆戒臣工中看其用人藝術，以及制御、掌控臣工的能力。

雍正帝有不次擢拔的用人原則，常常用小臣，用新進，有時甚至打破滿漢之別，以得人辦事爲原則提拔人才。如張廷玉爲大學士兼管部務，可是根據清朝制度，滿族人是所在部門的第一負責人（行走在前），即便是後進，也要行走在張廷玉的前面。可是，雍正帝破例予以改變，以示尊重張廷玉，使之感恩圖報。他還遺命張廷玉配享太廟，使之成爲漢人在太廟配享的第一人。不次用人，就可能導致官場出現驟起驟落的情形，官員像走馬燈似的轉換，位置也大起大落。如雍正朝的前三年，山西巡撫先後爲蘇克濟、德音、諾岷等人，布政使爲森圖、蘇瞻、田文鏡、高成齡等人，頻繁更替。雍正帝善於用人，這使他的革新政治的方針得到貫徹落實，令朝政煥然一新。用人是藝術，是政治才能的表現；而通過官員的行政實踐，更體現出雍正朝的治世之道和輝煌業績。

一、雍正初年的股肱之臣

雍正帝繼位後，面臨的是康熙朝皇儲之爭造成的一定程度的政治危機。

黨爭令人無所適從，一些宗室王公、外戚、滿漢大臣、一部分中小官員捲進漩渦，造成政治上的混亂、皇帝權威的下降。這時的雍正帝需要培植親信，支撐新君的權力大廈；打擊政敵，避免可能發生的政變，並將前朝延續下來的黨爭進行到底；要有符合人心的新政策，獲取官民的擁戴。形勢如此，具體怎樣做，這就要看雍正帝的政治智慧和行政手段了。他有兩招，頗爲成功，就是建立以我爲主、聯合多種政治力量的政權核心；對政敵採取分化瓦解、打拉結合的政策。

雍正帝登極的第二天就指定貝勒允禩、十三阿哥允祥、大學士馬齊、理藩院尚書隆科多爲總理事務大臣，組建了輔政的核心班底——總理事務處。這四個人也就成爲政權的核心人物。允祥是雍正帝最親密的兄弟；隆科多是宣布康熙帝遺命的大臣，有力地扶助新君上臺，所以此二人爲心腹是順理成章之舉，理所當然。馬齊，在康熙朝第一次廢太子事件中，因極力推薦允禩爲新太子，遭到康熙帝懲治，被撤職；後因時任滿人大學士不孚人望，康熙帝看重馬齊的行政能力，才將他重新啓用。馬齊爲人正直，他擁護允禩，並非結

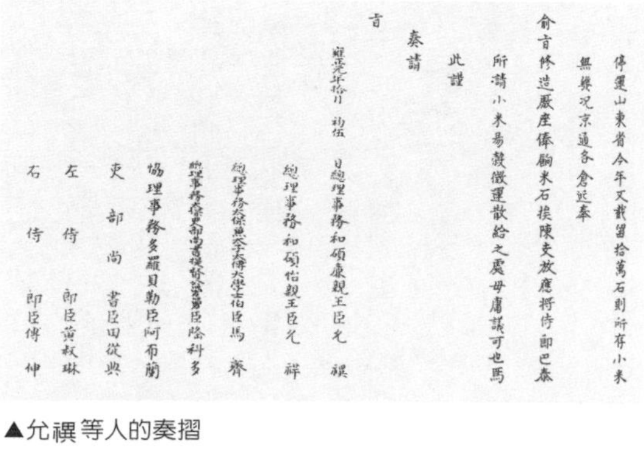
停運山東省今年又截留拾萬石則所存小米
無幾況京通各倉廷奉
俞旨修造廒座俸餉米石揆陳吏放應將侍郎巴泰
所請小米易穀徵運散給之處毋庸議可也為
此謹
奏請
旨
雍正元年拾月　初伍　日總理事務和碩廉親王臣允禩
總理事務和碩怡親王臣允祥
總理事務太保兼太子太傅大學士伯臣馬齊
總理事務太保吏部尚書[illegible]臣隆科多
協理事務多羅貝勒臣阿布蘭
吏部尚書臣田從典
左侍郎臣黃叔琳
右侍郎臣傅仲

▲允禩等人的奏摺

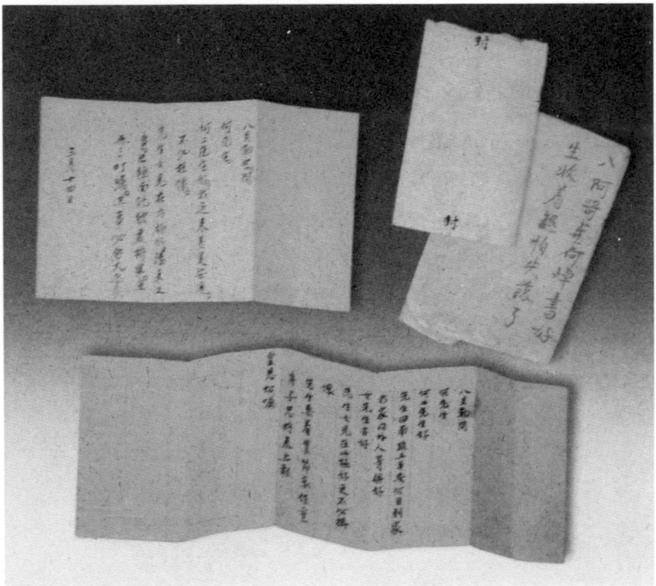

▲允禩結交外官的密信

黨謀權；雍正帝重用他，出人意料，大約是看重他在朝中的地位，以收人望。任用允禩，眞令人大跌眼鏡，太出人意外。允禩富有才華，人氣頗旺，又爲政敵之首領，把他納入核心集團，既堵了反對派的口，又使他們陷入無能爲力的境地。不能不說，這是絕妙的高招。不過，事情並沒有到此爲止。爲了離散允禩集團，雍正帝將允禟發配到青海，將允禵囚禁在康熙帝景陵，令他們不可能在京城合力謀反。

雍正帝建立聚合各種力量的總理事務大臣班底、對允禩集團實行分化瓦解、打拉結合的策略，穩定了新君的帝位和政局，也即穩定愛新覺羅王朝。因而，在雍正帝繼位之初，沒有發生任何變故，保持了施行新政所必需的、有序的政治環境、社會環境。這是雍正帝處理政務的高妙藝術，反映了他的高度政治智慧。任用總理事務大臣及分化瓦解允禩集團的細節，有興趣的讀者請參閱拙作《雍正傳》，這裡從略。

任命總理事務大臣當日，雍正帝還冊封允禩、允祥爲親王；隨後將不滿清太宗皇系的貝子蘇努晉封爲貝勒，貝勒滿都護被命爲總理事務處行走。允祥、隆科多是爲被信任者；而允禩、蘇努、滿都護則爲被籠絡者；馬齊則介於二者之間，並傾向於前者。雍正帝在諒陰結束後，對總理事務處的四人分別做出評價，高度肯定了允祥和隆科多，對馬齊有所褒獎，惟指斥了允禩。而後在雍正五年（一七二七）三月二十二日論及群臣的忠誠度時，雍正帝謂允祥、朱軾、張廷玉在這方面「毫無欠缺」；而「馬齊稍有不及」，係天分造成的，「然其立心寬厚，可謂善人君子，亦人所難及也」。就是說，馬齊有人所難及之處，雖不能成爲雍正帝的心腹，但還是成爲康雍兩朝政壇的不倒翁。這裡，除了其自身的因素之外，亦有雍正

▲允祥像

帝特加保全之故。由此可知雍正帝善用臣工，不是臣工所能左右、控制的人主。

實行耗羨歸公與養廉銀政策，是雍正朝的大事，也是中國賦役史上的大事。就中，除了雍正帝的主導、乾斷作用而外，就數山西巡撫諾岷、布政使高成齡與河南前後兩任巡撫石文焯、田文鏡出力最多。石文焯在事情初起後離任不必說；田文鏡後來名氣很大，被認爲是主要的倡議者。如清朝後期的陳康祺就說，「耗羨歸公之議，創自田文鏡、諾岷」（陳康祺，《郎潛紀聞初筆二筆三筆》）。可是，他凸出田文鏡，讓諾岷屈居其次，卻是將事情顚倒了。此處惟講諾岷的際遇及作用。

諾岷於雍正元年（一七二三）五月繼德音之後爲山西巡撫。山西吏治混亂，曾在康熙五十四年（一七一五），發生了太原知府趙鳳詔貪贓三十萬兩銀子的大案。諾岷上任後，發現府州縣吏治敗壞，隨意挪用錢糧，「花用如己私物，有事則搜刮於民。能撈能刮，善於行賄者視爲有才」。他面臨著清理帳目的任務。其實，雍正帝任用他，就是要他清查錢糧，嚴厲追賠，故在其雍正元年五月十二日的奏摺上指示，對那些貪贓錢糧的官員，不可姑息，「你要竭力妥當公正治理山西一省」，對你的前任蘇克濟等貪贓之人，「你唯設法使之全淪爲乞丐，方副朕意。稍有姑息徇情，仰視權貴，聽受囑託或念結交舊情者，既負朕意，有悖國家，且不能匡正地方也」。繼而，又開導他，「將錢糧清楚了，主子喜歡了，百姓暢快了，屬官知畏了」，有何不好!?

諾岷在清查官員貪占錢糧、勒命彌補虧空方面確實用力很大，不徇情面。他上任兩個月就發現追賠中的兩個問題：一是貪官不按期限賠償銀兩，如前任巡撫德音奏限十個月內賠完的十七萬二千兩銀子，限滿才賠出七萬四千兩，尚有九萬七千多兩未賠補；二是爲怕賠償不清受到參劾，官員們集體舞弊，將未到限期官員賠償的銀子，算作到限期官員賠補的，使之免遭參劾。

諾岷認眞核查，揭露這種欺騙行爲，務令官員依限賠償，否則嚴參治罪；對逾限未清的贓銀，勒令李清鑰等知府、蘇瞻等原任布政使、原任巡撫德音等賠補。雍正帝因而誇獎他「辦理甚是甚好」，又說「新官斷不可擾民，亦不必爲伊等（舊官）發愁」。意即，不要憐憫那些貪官，要嚴追到底。雍正元年九月十八日，諾岷奏請將官員調任，以便徹底清查追賠。雍正帝見他如此認眞，要他「照此矢志向前」。諾岷又奏報，原任知府欒廷芳虧空銀子十八萬兩，在他家中挖出窖藏銀子十五萬八千餘兩，金子三百五十兩。九月二十八日奏報，追查中，原任巡撫蘇克濟承認任內侵蝕銀兩四百二十萬兩，並表示現已有一百萬兩賠償。又奏請，將未付清欠銀的官員革職治罪，雍正帝批示允准。

官員貪占錢糧，既爲中飽私囊，打點、賄賂上司，也爲辦公之用。諾岷知道追賠應當嚴肅認眞，盡力而爲；同時也意識到，不能止於追賠，更重要的是防止以後此類現象再次出現。因而，他開始考慮「火耗銀如何減徵」、「各官盤纏如何留用之處」兩個問題。

▲清代銀元寶

諾岷於雍正元年十一月初二日奏報他的解決方案。對於減徵火耗，他經過官民兩方面的查問得知，火耗徵銀，正銀一兩，錢糧加徵三錢、四錢，以至四錢五、六分不等。火耗銀應當核減，雍正元年的徵收，山西各州縣情形不一，不過普遍減少，有火耗銀每兩交一錢及一錢以下的，亦有交一錢二、三分至一錢七、八分的，甚至還有交到二錢的。全年應徵正項錢糧二百八十餘萬兩，火耗銀應爲五十萬兩左右，平均下來，火耗率約爲正項錢糧的十七%—十八%，比以前大約減少了一半。如此一來，小民得益，官吏濫收所得銳減。爲了防止州縣官額外斂徵，諾岷還到處張貼告示，反覆說明皇上的愛民之意；除正項錢糧之外，若有官員仍敢攤派，允許民告官；同時禁止州縣官向上司致送四時五禮，杜絕了他們攤派的藉口。布告之外，諾岷還派員密察，一經發現有私自攤派者，即行揭參。

五十萬兩的耗羨如何使用，如何分配？諾岷考慮到地方公共工程的開支、官員的辦公費用、官員的生活補貼，特別是官員虧欠的清補四個方面，擬定了分配方案：二十萬兩爲確實不能清償的官員彌補虧欠；修補城池、衙署房屋、汾河堤壩，聘請義學教習，驛站的馬匹草料和消耗，以及各衙門辦公的紙張筆墨、書辦公食錢糧、州縣解運布政使庫銀的費用、提塘費用等項共需銀六萬四千餘兩；餘銀二十三萬五千餘兩，用作各級官員的生活補貼，即所謂「盤纏」。

辦法是依據職務高低、同等職務則參考工作的繁易程度，以及職務的特殊需要來確定。具體規則是：大州（散州）縣一千三百兩，平常州縣一千零五十兩，小州縣一千兩，偏僻小州縣九百五十兩，直隸州一千五百兩。各府同知、通判一千二百兩。知府平均五千兩，大同、汾州、潞安原有本地所徵雜稅應得銀一、二、三千兩不等，故扣除後分別爲四千兩、三千兩、二千兩。道員六千兩。按察使一萬兩，布政使一萬五千兩。至於巡撫的盤纏銀，作爲巡撫的諾岷，本人不好定。扣除發給各府州縣官員的「盤纏」外，剩餘的三萬一千兩，諾岷請求賞賜給他本人。雍正帝不但批准了諾岷的方案，還作出了全面肯定——「除對爾讚許嘉貺外，別無降旨」。就諾岷反覆申明，不許官員私自再行加派，雍正帝說「如此豈有不懼之理」？對於給予各官盤纏，讓其贍養家口，雍正帝指出，這「甚有理」。至於巡撫的盤纏，雍正帝將所餘三萬一千兩全部賞賜給諾岷，說「不但全給你，作爲巡撫，這些何以夠用？應得領銀，用以勸賞」。

▲清人繪《田樂圖》

諾岷的做法，是將耗羨歸公和養廉銀兩種制度揉合在一起，是制度初創時的情形；就制度講，已初具規模，只是尚未完全定型。從火耗銀中提取相當一部分爲贓官彌補虧空，是一時之法，迨後虧空補清，就沒有這項支出了。給官員的盤纏，即定型後的養廉銀，在補貼官員生活之外，又提出廉潔奉公的要求，具有規範吏治的內涵，比「盤纏」之說賦有更深的政治意義。與盤纏銀的數量相比，州縣官的養廉銀數量大體相同，府道有所減少，督撫也只是一、二萬兩。

雖然不成熟，但是諾岷的草創之功不可沒。雍正帝在首肯其方案之外，又在諾岷雍正元年十一月初二日謝恩摺的硃批裡，特意誇獎他說，「巡撫內爾乃首屈一指」，還勖勉他並欣慰地說：「朕此一年之政，爾半年之巡撫，我君臣苟能恪守此道，必爲萬世之人也。」

可見，雍正帝對諾岷的評價和期待之高，遠遠超出絕大多數人。清朝前期實行低俸祿制度，使得官員徵收耗羨、賄賂上司和中飽私囊，造成吏治敗壞。耗羨歸公是承認徵收耗羨為合法，但同時控制其數量，並用作官員的養廉銀，令吏治有所澄清。這是不得已辦法中之好辦法。

雍正帝對諾岷的讚許只是一個方面，加恩接踵而來，特別是晉封諾岷之父為副都統，並謂「爾父係一敬信平安之人」、「足任文武首輔大臣」。耗羨歸公觸動了官員的既得利益，積極實行者必然會有壓力，受到攻擊。雍正帝預見到了這點，為支持諾岷，特意指示他遇到為難之事，請教怡親王允祥：「若另有所聞及令爾懷疑之事，則即密訪打聽。即便打聽到朕處，如若為難，著密問怡王。」地方大員有事、有極其緊要事、秘密事，乃至家事，不便向皇帝報告，其情無由上達。於是，雍正帝令他們與允祥聯繫溝通。這樣的大臣數量極少，只有諾岷、田文鏡、李維鈞等寥寥數人。當然，這也是一種特殊的恩典，用以減輕諾岷所受的壓力和干擾。

雍正帝打算推廣諾岷和河南石文焯、田文鏡的耗羨歸公政策，但是遭到許多官員的反對。於是，雍正帝命令各地官員就此展開討論。山西布政使高成齡上疏，極力主張實行耗羨歸公，並講述了實行方法和好處。舉行九卿會議時，吏部尚書朱軾、右侍郎沈近思均持反對態度；太原知府金鉷、山西人御史劉燦亦持異議。雍正帝乾綱獨斷，下令推行耗羨歸公和養廉銀制度。應當說，雍正帝的主導、睿智，諾岷、田文鏡的勤力、膽識，結合在一起，創造了這個重大的改革制度。這是君臣合作，成功除舊布新的一個範例，也是雍正初政的一個亮點。

不過，諾岷的好景不常。自雍正二年（一七二四）八月起，他就屢遭責備。原因是允禟的屬人路過山西有不法行爲，諾岷沒有處理，也沒有奏報。諾岷係允禟的屬人，但沒有見過面。他本意是迴避允禟之事，沒想竟獲罪了，因而覺得有點兒冤屈，總想讓皇帝了解他的想法。於是，諾岷在雍正二年十一月初六日具摺，表示皇帝的教誨，「誠與天地、父母之無異」，一生只知感激皇恩，是「再生之鴻恩」。可是他越剖心置腹，越讓雍正帝誤解和厭棄，硃批遂言：「爾所奏甚有道理！朕竟失爲君之道，甚是錯誤，指責了像爾有鐵石般之心之大臣。」不過，罵歸罵，雍正帝還是根據諾岷的請求，派醫生攜帶藥品爲其診治。雍正三年正月初七日，醫生爲昏臥中的諾岷治療、服藥，不日見好。他遂於初十日寫摺子謝恩。然而，諾岷終因被認爲包庇允禟而被免職（《清史稿》卷二九四〈諾岷傳〉）。

與諾岷同時受到雍正帝信任的督撫，還有兩江總督查弼納、閩浙總督覺羅滿保、直隸總督李維鈞、山東巡撫黃炳等人。他們的下場也都不好，前三人或陷入朋黨案，如李維鈞；或成爲朋黨邊緣的人物，如查弼納、滿保。雍正帝對查弼納、滿保的信任，由第二章引用的他們君臣之間的奏摺與硃批可以得知。他們二人被雍正帝視作忠臣、恩人，關係非同尋常；可是依然沒得善終。

查弼納和蘇努是親家，與隆科多有往來，因蘇努案、隆科多案被審查，遭到皇帝的指責。後來，他徹底揭發了所知道的事情，而且他本來就不是黨人，只是被動檢舉，因而得到雍正帝的原諒，但是被調離兩江總督的要職，改任兵部尚書，從此在政壇上再無建樹，最後在戰場上以死報君（《清史稿》卷二九八〈查弼納傳〉）。

雍正帝早在皇子時代，就通過在福建做官的屬人戴鐸與滿保秘密聯繫，繼位後對他甚爲器重。雍正三年（一七二五），滿保卒於任所。雍正帝得知後，誇獎他「才幹優長」、「實爲稱職」、「矢志廉潔」，因而「朕心深爲軫惻」，應予議恤。然而，此時正在審理隆科多案，發現滿保曾餽送隆科多金銀，於是雍正帝認爲他惟知諂媚隆科多、年羹堯，遂收回賜恤的成命，自然不予謚號（《雍正朝起居注冊》、《清史列傳》卷十二〈覺羅滿保傳〉）。

李維鈞之妻，係由妾扶正的，是年羹堯僕人的乾女兒。因而，年羹堯把李維鈞視作下人。直隸總督府在保定，年羹堯進京途經保定，李維鈞竟然跪在道旁迎接，一

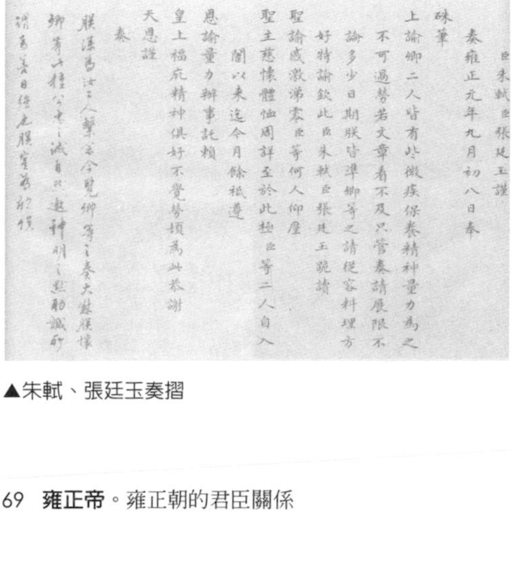
臣朱軾臣張廷玉謹
奏雍正元年九月初八日奉
硃筆
上諭卿二人皆有些微疾保養精神量力爲之
不可過勞若文章看不及只管奏請展限不
論多少日期朕皆準卿等之請從容料理方
好特諭欽此臣朱軾臣張廷玉跪讀
聖諭感激涕零臣等何人仰蒙
聖主慈懷體恤周詳至於此極臣等二人自入
閣以來迄今月餘祗遵
恩諭量力辦事託賴
皇上福庇精神俱好不覺勞頓爲此恭謝
天恩謹
奏
朕深爲汝二人繫念今覽卿等之奏大慰朕懷

▲朱軾、張廷玉奏摺

副奴才相。所以，整治年黨，他當然不能倖免。

上面提到的這些人受年羹堯、隆科多的牽連，下場淒慘。至於年、隆二人，一個被賜自殺，一個死於禁所。雍正初年的寵臣，相當部分都沒有好下場。這是雍正帝反對朋黨及其擴大化造成的，其中傷害了一些人才。看來，雍正帝並未將「為君難」理解得、實行得那麼完美無缺。當然，那些與朋黨無關的官員，即使有某些違背皇帝意旨的見解，雍正帝亦能容忍。由他善待反對耗羨歸公的朱軾、沈近思，就可見其對忠貞不二的大臣的寬容。沈近思曾為耗羨歸公當面與雍正帝爭論，毫不退讓。但雍正帝並未發怒。朱軾被指定為皇子的師傅；他晚歲多病，屢次乞求休致。雍正帝為慰留他，甚至說道：「爾病如不可醫，朕何忍留；如尚可醫，爾亦何忍言去。」說得如此懇切，如此推心置腹，令朱軾感激涕零，從此不復言退（《郎潛紀聞初筆二筆三筆》）。

二、雍正六年《古今圖書集成》的受賜者

《古今圖書集成》，在康熙朝由侍從允祉的陳夢雷編輯，已基本完成。

雍正帝又命蔣廷錫等人編訂，最終成書一萬卷，採用西洋新技術銅板印製，共印六十四部，內中綿紙本十九部、竹紙本四十五部。雍正六年（一七二八）八月二十日，雍正帝

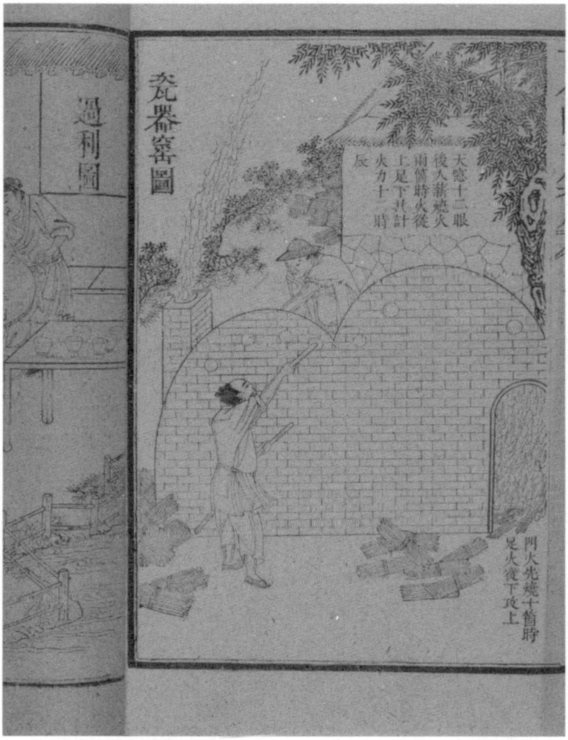

▲《欽定古今圖書集成》之一頁

處置這部大書，不由內閣而由莊親王允祿、果親王允禮傳旨，十九部綿紙本，一部供奉在壽皇殿，九部交乾清宮總管於應陳設之處存放，餘下九部賞給怡親王、莊親王、果親王、康親王、福慧阿哥、張廷玉、蔣廷錫、鄂爾泰、岳鍾琪每人一部。四十五部竹紙本，賞給誠親王、恆親王、咸福宮阿哥、元壽阿哥、天申阿哥、勵廷

儀、史貽直、田文鏡、孔毓珣、高其倬、李衛、王國棟、楊文乾、朱綱、嵇曾筠每人一部，其餘三十部保存起來。

《古今圖書集成》與明朝的《永樂大典》爲同類圖書，是我國現存古代最大的類書。雍正帝視之爲巨大的學術工程，極其欣賞其成就，極其看重它。此書係康熙帝關注之作，理應供奉於壽皇殿。除此之外，被賞賜的有皇室親王、皇子、朝內外的大臣。被賜予者視爲極大的榮耀。張廷玉此時得到一部，後來回籍省墓，雍正帝特地又賜他一部，他備感殊恩、殊榮，特別記敘於著作中。

對雍正帝來講，受賜之人中有兄弟、兒子、朝內外大臣，基本上是他的親信中的親信。筆者正是由此來觀察雍正帝的用人之道。在接受賜書的大臣中，比起漢臣而言，旗人朝臣和地方大員相對少一些，這可能是因爲他們漢文化功底不足的緣故。而漢族文人則以得此賜書爲莫大的榮耀。雍正帝大約也是掌握了這種心理，才認眞考慮，確定名單的。

得到綿紙本的四名大臣中，張廷玉是康熙朝的吏部侍郎，雍正帝繼位後即用爲翰林院掌院學士、禮部尙書，起草了雍正帝諒陰期間的文告，雍正四年（一七二六）晉大學士兼尙書，雍正六年爲保和殿大學士兼管吏部尙書事，還兼任國史館總裁、康熙實錄館總裁等職，雍正帝不時召見，一天三次，習以爲常。他對軍機處的建設有規劃之功，並任軍機大臣。稍後，雍正帝將他和鄂爾泰說成是左膀右臂，並不過分。他在雍正朝始終得寵，此時被名列在大臣中的第一位，是他在朝中地位的客觀反映。

蔣廷錫，江蘇常熟人，康熙末年爲內閣學士，雍正二年（一七二四）晉升爲戶部侍郎，建言通源節流以濟漕運，雍正四年晉戶部尚書、《古今圖書集成》總裁官。同年十二月乃母在京病故，雍正帝說凡交辦事務，蔣廷錫務盡忠能，辦理妥善，在戶部任上尤爲稱職，其人侍母至孝，爲教孝勸忠，特派大臣前往賜奠茶酒，加恩諭祭，並賜銀一千兩爲殯殮之資，給予一品夫人封誥。又諭蔣廷錫節哀，愛養精

▲蔣廷錫像

神爲朝廷効力。雍正五年二月，蔣廷錫奉送母柩回原籍，雍正帝下令沿途官員派員護送，不得延誤，關懷備至。蔣母的哀榮，反映了蔣廷錫在朝中特殊而重要的地位。雍正六年，蔣廷錫出任文淵閣大學士。他是《古今圖書集成》的總裁官，得一部書，地位因素之外，也是酬其辛勞。蔣廷錫生病，雍正帝還派醫生爲之治療。雍正十年（一七三二），蔣廷錫卒於任上。雍正帝讚揚他管理戶部的勞績，「謹愼出納，釐剔弊端，於國計民生均以裨益」，賜謚文端，乾隆元年（一七三六）入祀賢良祠（《清史列傳》卷十一本傳）。

鄂爾泰，康熙末年爲內務府員外郎，不得意，雍正元年拔擢爲江蘇布政使，雍正三年晉雲南巡撫，次年升任雲貴總督。他提出改土歸流的方針、措施，獲得雍正帝的批准，強力推行，頗見成效，並推及湖南、四川。雍正六年他成爲雲貴廣西總督，是冉冉上升的政壇之星，而後內召爲大學士、軍機大臣。

▲鄂爾泰像

▲岳鍾琪像

岳鍾琪，雍正二年春，作爲奮威將軍在青海羅卜藏丹津之役中立首功，授三等公。雍正三年，年羹堯事敗，岳鍾琪出任川陝總督，此爲滿缺，他以漢人充任，遭到眾人嫉妒。鄂爾泰在雲貴改土歸流，有土司叛亂，岳鍾琪奉雍正帝之命，出兵協助鄂爾泰平亂。雍正六年，雍正帝積極準備進攻準噶爾本部，岳鍾琪及允祥、張廷玉參與密議，蔣廷錫亦與聞。雍正七年（一七二九），岳鍾琪任寧遠大將軍，統帥西路軍出征準噶爾。其地位之高，在督撫中與鄂爾泰相伯仲。疆臣能獲得綿紙本者，唯此二人，凸顯了他們的地位。雍正帝的棋路是給正在大有作爲的鄂爾泰以榮寵，給即將大用的岳鍾琪先行施恩。然而，岳鍾琪在隨後的戰爭中毫無建樹，雍正十年（一七三二）被奪職，雍正十二年論罪斬監候，至乾隆中獲赦，復官四川提督。

獲得竹紙本的勵廷儀，康熙六十一年（一七二二）任兵部右侍郎，雍正元年晉刑部尚書，任職多年。雍正帝謂其「數年以來，勤慎小心，安詳歷練，克稱厥職」。其父勵杜訥爲雍正帝皇子時期上書房的師傅之一，這大約也是雍正帝對勵廷儀有好感的一個原因吧（《清史列傳》卷十三）！

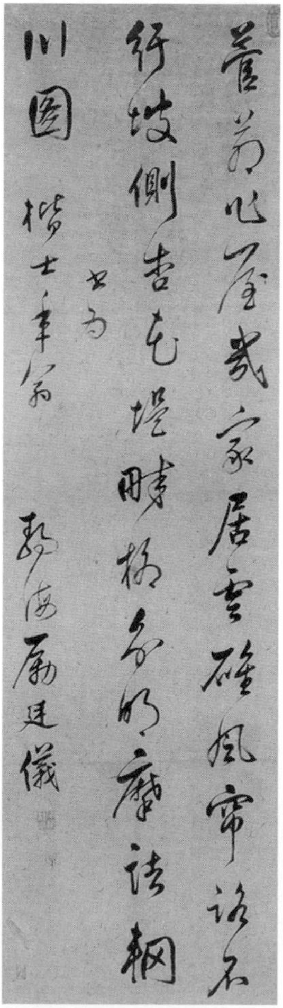

▲勵廷儀草書七絕

史貽直，康熙三十九年（一七〇〇）進士，康熙末年署理翰林院掌院學士，雍正元年命在南書房行走，官吏部右侍郎，雍正六年（一七二八）轉左侍郎，兼理戶部侍郎，雍正七年以後署理福建總督、兩江總督、陝西巡撫、戶部尚書，乾隆間官至大學士。

田文鏡，康熙二十二年（一六八三）爲縣丞，康熙五十六年（一七一七）內閣侍讀學士，雍正元年以路過山西，發現災情，即行奏報，爲雍正帝賞識，雍正二年擢爲河南巡撫。他極力推行耗羨歸公、攤丁入畝、士民一體當差政策，參劾貪吏，約束紳衿，嚴行保甲。雍正六年，雍正帝特爲他設置了河南山東總督一職。他被雍正帝譽爲巡撫中第一人，雍正十年病卒於任所。

孔毓珣，康熙六十一年任廣西巡撫，雍正二年授爲兩廣總督，雍正三年加兵部尚書銜，雍正五年調江南河道總督，增修高家堰堤壩，終於任所。

高其倬，康熙六十一年二月署理雲貴總督，雍正帝即位次月，即予實授，雍正三年（一七二五）加兵部尚書銜，次年改任閩浙總督，雍正七年（一七二九）陛見，雍正帝賜詩讚之：「操凜冰霜功帶礪，匡時重鎮脊良臣。」雍正八年，爲雍正帝選定泰陵陵址，授予一等輕車都尉世職（《清史列傳》卷十四）。

▲李衛像

李衛，康熙末年授雲南鹽驛道，雍正二年擢布政使，仍兼管鹽驛道事。他有能力而使氣凌人，所以雍正帝特意教導他要改變驕慢無禮的小人習氣，操守也要當心，其語言風趣，錄與讀者共賞：「川馬、古董之收受，俱當檢點。兩面欽用牌，不可以已乎？是皆小人逞志之態，何須乃耳！」（《清史列傳》卷十三）所謂「兩面欽用牌」，指其出行，打著欽用布政使、鹽驛道的兩面官牌，顯示恩榮和威風，所以被雍正帝說是小人作風。雍正三年，李衛升任浙江巡撫，雍正五年授浙江總督，雍正六年以善於管理治安，奉命兼管江南盜務。雍正十年改授直隸總督，直隸與京城接壤，李衛仍然鐵面無私，敢於彈劾在轄區犯案的朝中權貴的親屬。

王國棟，康熙六十年（一七二一）侍讀，雍正元年遷侍讀學士，雍正二年授右通政，雍正四年任光祿寺卿，並出任浙江觀風整俗使，因據實奏報浙江官風民情，爲雍正帝所欣賞，雍正五年（一七二七）擢湖南巡撫。他上疏言稱，新官即應加意整飭，不可以寬大廢弛吏治，獲得雍正帝既是嘉獎又是黽勉的指示：「得治理寬嚴之要，惟期實力行之。」（《清史列傳》卷十三）

楊文乾，康熙六十一年任職陝西榆林道，雍正三年正月授河南布政使，四月擢廣東巡撫，以捕盜、清查盜案爲務，因而與同僚不和，又因在粵海關多徵外商銀兩被福建巡撫疏參，雍正帝要求他痛改前非，否則必有惡果。不久，雍正帝命他前往福建清查倉庫虧空。他秉公執法，毫無瞻顧，所以雍正帝命從優議敘，雍正六年回任，患病，勉力治事，就在獲得《古今圖書集成》當年病逝。

朱綱，雍正帝授以府道官，特許其密摺奏事，以小臣被視爲親信，擢雲南巡撫，上疏參劾總督管雲南巡撫事的楊名時，更得雍正帝信任，調任福建巡撫。因雍正帝命地方建立先農壇，他在雍正六年（一七二八）上疏建議，遵循古禮在城市東部建壇，亦見其對皇帝所推行事務的認眞態度。朱綱獲得賜書，但很可能還沒有看到印製精美的圖書就撒手人間了。雍正帝於當年十月二十日發出諭旨，說見到朱綱的遺本，表彰他「謹愼老成，才猷練達……實心供職，懋著勤勞」，並加兵部尙書銜。

嵇曾筠，康熙六十年侍讀，雍正元年二月署河南巡撫，六月遷兵部左侍郎，督辦河南黃河段決口工程，搶修竣工，雍正五年（一七二七）正月兼管山東黃河堤工，提出六項治河建議，被雍正帝批准實行，雍正六年四月任吏部尙書，仍管副總河事，雍正七年以後任河道總督，雍正十一年（一七三三）授文華殿大學士。在清代治河名臣中，他可與靳輔、齊蘇勒比美。

這些獲得賜書者均官居巡撫、侍郎以上。高官名位爲得書的基本條件，而作爲雍正帝的得力大臣和親信是更重要的因素。雍正帝以此表示對他們的寵信，希望他們更加忠誠辦事；同時也暗示臣工，要以他們爲表率，勤勞王事，爭取獲得皇帝的賞識。

在領受賜書的親王中，怡親王允祥、莊親王允祿、果親王允禮是雍正帝最親近的弟弟。允祿、允禮將在下個單元中述及。允祥是雍正帝最最親密的，也是總理事務大臣中最得力的。雍正帝設立會考府，由允祥主持清查帳目，主管戶部三庫；允祥還奉命聯絡疆吏和個別中級官員，掌管宮中禁衛部隊和宮中的一些要務，並參與制定耗羨歸公、攤丁入畝等制度，參與籌畫組建軍機處，成爲軍機大臣。臣工不敢說的諫言，他能不避嫌疑，向皇帝陳述。儘管他所擔任的官職並不那麼顯赫，但絕對是朝廷核心成員中的翹楚，集帷幄重臣與大管家於一身。他的過人之處是絕對忠誠，卻謙遜，不攬權，小心謹慎，兢兢業業。雍正帝深知其秉性，因而對他絕對放心，並於雍正四年（一七二六）七月，賜予親書的「忠敬誠直勤慎廉明」八字匾額，也即從八個方面肯定允祥，而尤其表彰他的敬、誠二品。這八字評語，其他臣工不可企及。雍正八年，允祥薨逝。雍正帝親往弔唁，就以上述八字作爲他的謚號。

▲允祥像

康親王崇安的祖父傑書在康熙朝赫赫有名，爲大將軍，是討平耿精忠之亂的功臣。凱旋回京時，康熙帝親自到盧溝橋迎接；議事時，漢大臣要對他跪著說話。崇安襲爵，雍正朝出任都統，掌管宗人府。親王而又管理皇族事務，應是得到高等榮譽的緣由。

允祥、允祿、允禮、崇安獲得綿紙本，比得竹紙本的允祉、允祺高一等。誠親王允祉係雍正帝的三兄，允祺是五弟。其時，長兄允禔，仍然遵照康熙帝成法被圈禁，當然不能獲得賞賜；廢太子則已亡故。所以在康熙帝的頭五個皇子中，雍正帝賜書給三兄、五弟，是出於禮貌，是向外界表示皇家的親密無間，實際並非有多少親情。

獲得賜書的福慧阿哥、咸福宮阿哥、元壽阿哥、天申阿哥，是雍正帝的皇子或幼弟。咸福宮阿哥，應是康熙帝第二十四子允祕。他生於康熙五十五年（一七一六），是康熙帝排序皇子的最後一位，是被寵愛者。雍正帝即位時，他才七歲，所以雍正帝對他特加愛護，養在宮中。雍正十一年封他為親王，並發上諭：「朕幼弟允祕，秉心忠厚，賦性和平，素為皇考所鍾愛。數年以來，在宮中讀書，學識亦漸增長，朕心嘉悅，封為諴親王。」（《清史稿》卷二二〇〈諸王六〉本傳）元壽，是雍正帝第四子弘曆的另外一個名字；天申，是雍正帝第五子弘晝的別名。

比這三位阿哥獲得更高級別賜書的是福慧阿哥。他是雍正帝第八子，生母年氏皇貴妃，出生於康熙六十年，此時八歲。雍正帝對這個兒子鍾愛異常。在一封給年羹堯的手諭中，談罷政事敘家常，寫道：「爾父前月見面，竟到胖了，甚健好；貴妃、福慧俱上好，總不必一點繫念於都中。」（中國第一歷史檔案館藏檔，「世宗硃諭」第十二函）這時，人們可以說，福慧受到特別愛護，是因爲母親是年貴妃，並有年羹堯這樣的舅舅。可是到了雍正六年六月，年貴妃已亡故兩年半，年羹堯也早出事自戕，由此可見，雍正帝對福慧的喜愛是眞誠的，而非勢利的。

從賜書的情況來看，雍正帝心目中的福慧，地位在他的兄長弘曆、弘晝之上；而且從賜書的行爲來看，這是宣示於眾人的，令人得知福慧阿哥的地位高過弘曆阿哥、弘晝阿哥。這事有點蹊蹺，其時弘曆、弘晝都是十八歲的成年人，奉命辦過差事，得書的等級竟然不及幼弟，不知他們會怎麼想，難道不心酸？沒有不服氣的心情嗎？沒有嫉妒的心理嗎？特別是後來成爲嗣子皇帝的乾隆帝，其時心情一定非常複雜！這是可以想像的。如果福慧沒有在得到賜書後的三個月死亡，未來的皇帝還是弘曆（乾隆帝）嗎？雍正帝在雍正元年八月宣布秘密立儲法，並將親書儲君名字的檔貯藏於乾清宮正大光明匾額之後。這儲君是弘曆嗎？從雍正帝對福慧的態度分析，筆者不由得不產生疑問。然而，這種宮廷密事，今天已無從查考了。

三、雍正末年的寵臣及顧命大臣

雍正帝初年寵信的人，後來有不少人銷聲匿跡於政壇了。

君寵不再，是本人的事，更是皇帝的事；中期受寵信的人，有勤勞王事而病故的，有不得力而失寵的（如岳鍾琪），還有違抗聖意而遭殃（如允祉）的，不過，多數人依舊得到眷注，終雍正朝而不衰。此外，雍正後期還有新進者。我們這裡將主要介紹雍正帝後期所信用之人，特別是顧命大臣。

雍正帝的顧命大臣爲允祿、允禮、鄂爾泰、張廷玉四人。雍正帝遺詔說到他們的優缺點，關於張廷玉、鄂爾泰的是：「大學士張廷玉器量純全，抒誠供職。其纂修《聖祖仁皇帝實錄》，宣力獨多；每

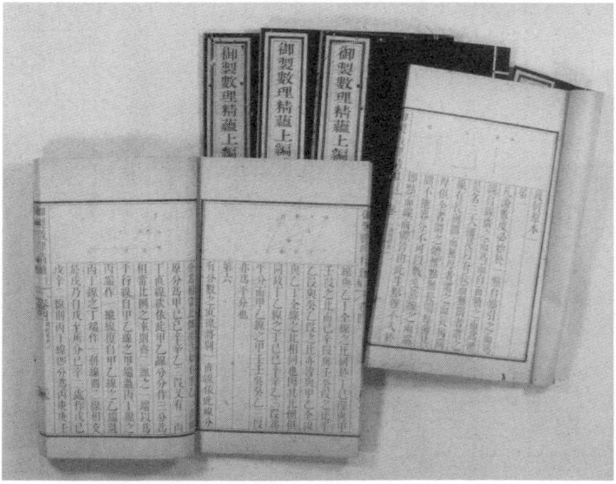

▲《御製數理精蘊》（康熙銅活字本）

年遵旨繕寫上諭，悉能詳達朕意，訓示臣民，其功甚巨。大學士鄂爾泰志秉忠貞，才優經濟，安民察吏，綏靖邊疆，洵爲不世出之名臣。此二人者朕可保其始終不渝，將來二臣著配享太廟，以昭恩禮。」關於允祿、允禮的是：「莊親王心地純良，和平謹慎，但遇事少有擔當，然必不至於錯誤。果親王至性忠直，才識俱優，實國家有用之才。」（《清高宗實錄》卷一）遺詔的評論，符合這些人的實際情況。

允祿，康熙帝第十六子，懂得數學、音律，參與《數理精蘊》的編纂，還曾教授弘曆數學。雍正元年（一七二三），莊親王博果鐸病卒，宗人府提請由康熙帝的皇子承襲。雍正帝指定允祿繼承，允祿從而得到王爵和一大筆財產。於是有人說皇帝偏愛允祿，讓他得了便宜。

雍正帝回應說，朕要想封

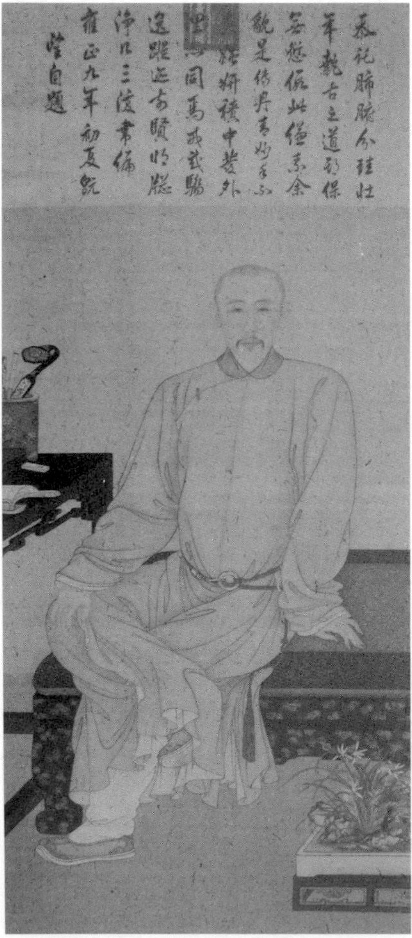

▲允禮像

諸弟爲親王，怎麼辦都行，何必採用過繼的手段？（《清史稿》卷二一九）意思是說，允祿本來就有資格獲得王爵和財產。賜書的事安排由允祿、允禮來宣布，可知他們在雍正帝心中的位置。

允禮是康熙帝第十七子，十七歲起經常隨從康熙帝巡幸塞外，雍正元年封果郡王，管理理藩院事；雍正六年晉封親王，管工部事；雍正八年，繼允祥之後，總理戶部三庫；雍正十一年出任宗人府宗令，管戶部事；雍正十二年，其時達賴喇嘛駐錫泰寧（四川、雲南邊境處），允禮奉派前往，護送其返回西藏，並巡閱沿途諸省八旗兵和綠營兵，回京後，參與苗疆事務的辦理。在遺詔對他的評價之前，雍正帝曾說他「居心虛恭，非若輩大臣所能企及」（《硃批諭旨．李衛奏摺》，雍正十一年六月初十日摺硃批）。允禮在雍正朝的地位，在親王中僅次於允祥；允祥死後，則成了他的替身。

雍正帝將鄂爾泰視作不世出之人才，並不過分。鄂爾泰在皇權達到無以復加的政治環境下，難得地發揮了政治作用，取得改土歸流的成功。他絕對忠於皇帝，與田文鏡一起成爲大講祥瑞、向雍正帝獻媚的疆

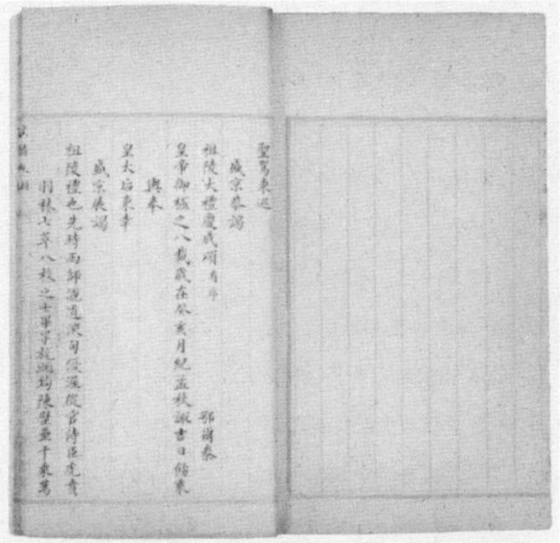

▲《皇清文穎》之「鄂爾泰詩」

臣。他說雲南出現卿雲，是皇帝大孝的反映，爲被輿論攻訐不講人倫的雍正帝解圍。

張廷玉在政治上似乎並沒有特別的建樹，難得的是，他的文字功夫是別人比不了。在雍正帝勤於更新的情況下，他配合皇帝勤勞辦事，而且辦得很好，很合雍正帝心路。雍正帝遺詔是從三個方面讚揚他的，即忠誠、總纂康熙帝實錄、遵旨撰寫上諭。有的學者以爲張廷玉對於雍正帝的功績，是在總纂康熙帝實錄中掩蓋雍正帝奪位史實，才獲得榮寵。其實雍正帝明明講了三條理由，而且重點還在「遵旨繕寫上諭，悉能詳達朕意，訓示臣民，其功甚巨」方面。要之，張廷玉這樣的秘書長，確實是難得的人才，所以，雍正帝賜給他兩部《古今圖書集成》絕不是偶然的。四位輔政大臣，都是雍正帝十幾年使用的得心應手之人，是所謂簡在帝心者。雍正帝生前用他們理政，身後讓他們輔政，誠有識人、用人之明。

在雍正帝晚年使用的臣工中，有幾個新進者，在乾隆朝得到了大用。海望，雍正元年由護軍校授內務府員外郎，雍正二年賜戴孔雀翎，雍正四年晉郎中，雍正八年（一七三〇）擢總管內務府大臣，雍正九年遷戶部左侍郎，授內大臣，雍正十一年受命與直隸總督李衛到浙江勘察海塘，海望等多所建議，雍正十三年（一七三五）北路軍營振武將軍傅爾丹犯事，奉命前往拿解。乾隆帝繼位後，授戶部尚書兼議政大臣，乾隆二十年（一七五五）卒。乾隆帝表彰他「老成敬慎，辦事實心。宣力有年，勤勞懋著」，賜謚勤恪（《清史列傳》

卷十六）。

來保，康熙末任職一等侍衛，雍正元年授內務府總管，雍正三年因奏事不實被革職，雍正四年授三陵總管，雍正九年（一七三一）給二品銜往土爾扈特辦事，雍正十二年差往喀爾喀車臣汗部辦事。雍正十三年十月回京，乾隆帝即任用爲內務府總管，署工部尚書，後來升任領侍衛內大臣、大學士，充方略館正總裁，賜詩褒獎。

四、異乎尋常地關愛臣工

雍正帝希望君臣赤誠相見，彼此建立《詩經》所說的「元后父母之誼」。

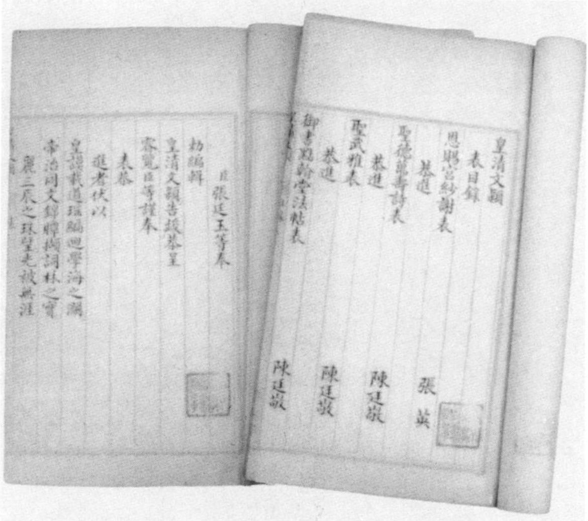

▲張廷玉編纂的《皇清文穎》

雍正帝不僅僅擺出姿態、表示態度，而且還以實際行動展示對臣下的情誼，如向臣工問好表示祝願，賞賜物品和吉祥物，關懷官員的身體狀況及其家屬，給臣下賜醫賜藥，以至關心臣工身後之事。

向臣工問好與祝願。在臣工的請安摺上，雍正帝往往批寫「朕躬安，爾好麼？」或「朕躬甚安，爾可好？」有禮尚往來，互相道好、道賀的意思。但事情並沒有到此爲止，雍正帝還進一步向臣下示好。在甘肅軍營靖逆將軍富寧安等九人於雍正元年十二月十九日，爲即將到來的新年恭上請安的奏摺上，雍正帝硃批：「朕躬甚安，爾等可好？新年大喜！唯期爾等遠在軍營安然無恙，官兵歡愉，速告戰捷，我君臣共賀，怡然相會。」在北路軍營靖邊大將軍傅爾丹等雍正七年（一七二九）十一月二十日請安摺上硃批：「朕躬頗安。爾等都好麼？官員乃至兵丁、跟役等都好麼？」在定邊大將軍福彭等雍正十二年（一七三四）八月二十五日請安摺上寫道：「朕躬甚安，爾等好麼？向蒙古王、台吉、大臣、官兵等告訴朕安，並告訴頒旨問眾人好。」

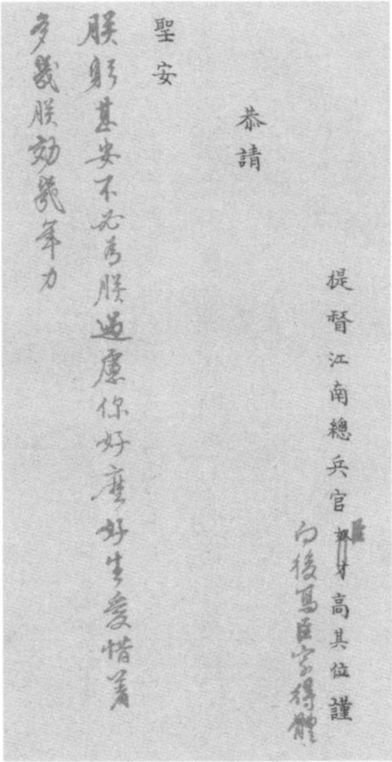
提督江南總兵官臣高其位謹
向後寫臣字得體
恭請
聖安
朕躬甚安不必為朕過慮你好麼好生愛惜着
多幾朕効幾年力

▲江南總兵官高其位請安摺

在這些硃批中，雍正帝問好的對

象，除具摺的大臣外，尚有社會下層的兵丁、跟役。這是對軍營方面的，對內政亦復如此。在山西巡撫諾岷雍正元年十二月二十八日的請安摺上，雍正帝的硃批寫道：「朕躬甚安。爾好麼？新年大喜！蒙天地神佛保佑，爾之合省雨水調勻，糧食大收，軍民安樂，萬事如意！」雍正二年歲末，湖北巡撫納齊哈向雍正帝恭呈祝賀新年的請安摺，得到「朕安。新年大喜。爾合省雨水調勻，兵民歡悅，爾身健壯，諸事如意」的回覆。爲此，納齊哈又於雍正三年二月初二日上摺謝恩，雍正帝又批覆：「此朕實心祝願。」皇帝向大臣問好，已經是非同尋常之舉，而竟然問及兵丁、夫役、民人，祝願五穀豐登、平安歡樂、戰事告捷，可見雍正帝將大臣、一般官員、士兵、小民掛在心上，是實心實意的。

賞賜物品。就兩江總督查弼納雍正元年九月初一日的請安摺，雍正帝告訴他：「送一匣清茶房乾果與爾，怎比得上爾南省的果子呢？再，乾羊肉朕食其味甚美，一併賞送於爾。」不但賞賜御膳房的點心，還風趣地說，可能比不上你那裡的食品。雍正七年，雍正帝賜給散秩大臣兼副都統達鼐福字、貂皮、綢緞、退皮毛之鹿肉。同年，雍正帝在元宵節賞賜黑龍江將軍那蘇圖元宵。那蘇圖謝恩，雍正帝則說：「係元宵節之賞，並非什麼好東西。」令臣下安心領受。

賜福字、荷包等吉祥物。雍正帝在皇子時代就常常代替康熙帝寫福字賞賜臣工，即位後就以皇帝身分向臣工賜福了。雍正元年，年羹堯進京，賜其福字；應閩浙總督滿保的請

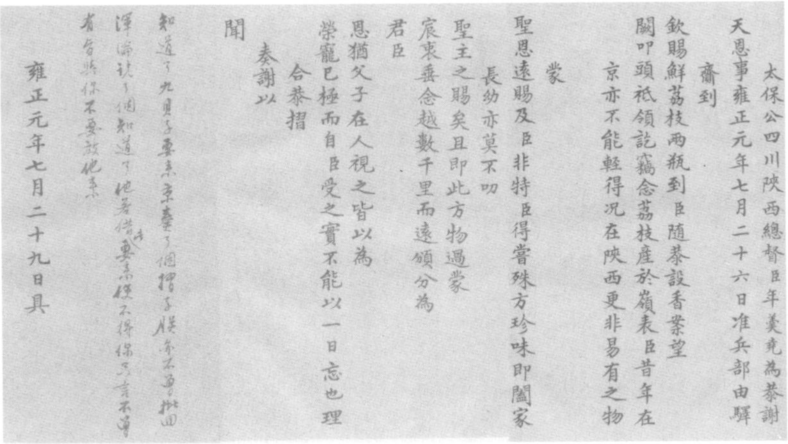

太保公四川陝西總督臣年羹堯爲恭謝
天恩事雍正元年七月二十六日准兵部由驛
齎到
欽賜鮮荔枝兩瓶到臣隨恭設香案望
闕叩頭祇領訖竊念荔枝產於嶺表臣昔年在
京亦不能輕得況在陝西更非易有之物
蒙
聖恩遠賜及臣非特臣得嘗殊方珍味即闔家
長幼亦莫不叨
聖主之賜矣且即此方物遇蒙
宸衷垂念越數千里而遠頒分爲
君臣
恩猶父子在人視之皆以爲
榮寵已極而自臣受之實不能以一日忘也理
合恭摺
奏謝以
聞
知道了九月了要來京奏了個摺子朕亦不曾批回
渾濟說了個知道了他若將要來使不得保不定言不曾
有旨時你不要放他來
雍正元年七月二十九日具

▲年羹堯謝賜鮮荔枝摺

求，爲其母書寫；省臣中，第一個獲賜的是兩江總督查弼納。雍正五年（一七二七）冬天，雍正帝分別賞賜振武將軍巴賽、西安將軍常色禮黃色繫帶荷包一對及福字，表示「爲賀新年，特意賞送爾等」。盛京戶部侍郎王朝恩因獲得御書福字，上摺謝恩，說「臣本薄福之人，蒙皇上賜臣以福，從此薄轉爲厚」。雍正帝說他理解有偏差，福氣不論富貴貧賤，不要以爲富貴有福，貧賤無福，福之厚薄要看自身的行爲；就是皇帝也不能賜福，「朕年年書福字分頒內外臣工者，正警惕爾等自厚其福之意耳，若以朕能賜福則誤矣」。他的意思是，臣工應自我修養以求福；皇上給臣工寫福字，是惕勵的意思，不要以爲有皇帝的福字就是有福。

關懷官員的生活與家屬。浙江乍浦水師營副都統傅森好喝酒。雍正帝告誡他：「若奉此旨後，仍不戒酒，則辜負朕恩，成爲無用之輩，務必仰副朕

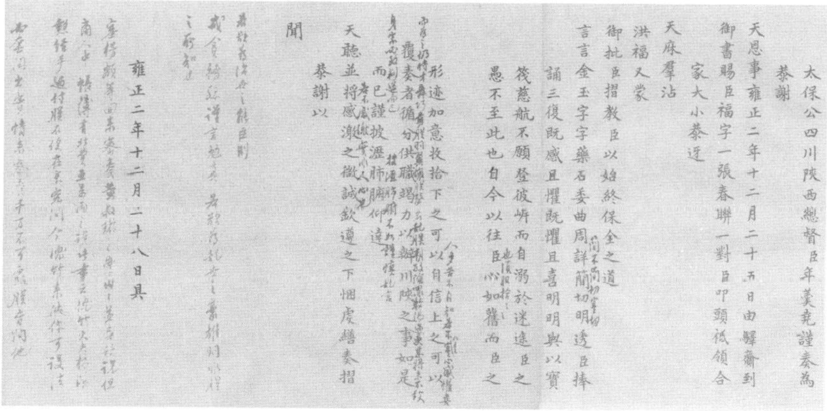

太保公四川陝西總督臣年羹堯謹奏爲
恭謝
天恩事雍正二年十二月二十五日由驛齎到
御書賜臣福字一張春聯一對臣叩頭祇領合
家大小恭迓
天麻羣沾
洪福又蒙
御批臣摺教臣以始終保全之道
言言金玉字字藥石委曲周詳簡切明透臣捧
誦三復既感且懼既懼且喜明明與以寶
筏慈航不顧登彼岸而自溺於迷途臣之
愚不至此也自今以往臣心如舊而臣之
形迹加意收拾下之可以自信上之可以
覆奏者循分供職竭力以辦川陝之事如是
而已謹披瀝肺腑仰達
天聽並將感激之微誠欽遵之下悃虔繕奏摺
恭謝以
聞
雍正二年十二月二十八日具

▲年羹堯奏謝賞賜福字、春聯並御批教訓摺

仁愛之旨意。」勸勉他不要因酒誤事，成爲廢人。靖邊大將軍傅爾丹、塔爾岱等十一人上請安摺，雍正帝批示：「朕之寶貝塔爾岱，爾今痊癒乎？愼養！」對臣工的關心溢於言表。散秩大臣兼副都統達鼐尚無子嗣，雍正帝「一直掛念」，要求他如果得子，立即奏報。關心臣工的子嗣，是雍正帝的一貫做法。他與世人一樣，認爲多子多福。都統蘇丹在軍營因潮氣導致傷口復發而受盡痛苦。雍正帝表示不勝憐憫心痛，並問如今是否好轉？又說：「爾之年歲已非如此奮勉之年齡，爾所做所想，朕實是讚許而同情……爾如此赤膽忠心，將無甚關係，必受蒼天眷愛而好轉。著好生調養身體，努力爲朕多効力幾年。」雍正十年（一七三二），雍正帝得知西路軍營內大臣顧魯老母健在，即予加恩，並讓大臣等不時照顧。定邊左副將軍策凌之母於雍正十一年到京城，雍正帝即予安排居住。次年初冬，雍正帝告訴策凌，接見爾母，她「甚爲健壯，氣色如常，腿自到京城經大夫醫治服藥，亦覺稍愈，住京城，甚爲適宜……爾不必爲爾母過慮，交付於朕。著一心一意拜請天佛之恩，勤理軍務」。可見，雍正帝關懷臣工及其家屬的身體健康，目的是讓大臣們爲皇帝多多効力，更好地盡其職責。不隱瞞這一點，倒展示了他率眞的一面。

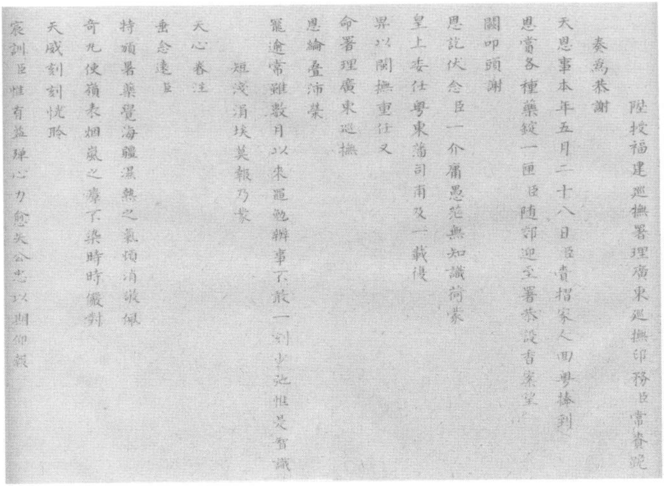
陞授福建巡撫署理廣東巡撫印務臣常賚謹
奏為恭謝
天恩事本年五月二十八日臣齎摺家人回粵捧到
恩賞各種藥錠一匣臣隨郊迎至署恭設香案望
闕叩頭謝
恩訖伏念臣一介庸愚毫無知識荷蒙
皇上委任粵東藩司甫及一載復
畀以閩撫重任又
命署理廣東巡撫
恩綸疊沛榮
寵逾常雖數月以來黽勉辦事不敢一刻少弛惟是智識
短淺涓埃莫報乃蒙
天心眷注
垂念遠臣
特頒暑藥覺海體溫熱之氣頓消嵐瘴
奇丸使嶺表烟嵐之瘴不染時時儼對
天威刻刻恍聆
宸訓臣惟有益殫心力愈矢公忠以期仰報

▲福建巡撫常賚奏謝賜藥錠摺

向臣工賞賜醫藥。這一行爲有的是應臣工的請求，但多數是得知臣工生病後，主動關心賜予。如果臣下有病不報告皇帝求醫，雍正帝反而會怪他不懂君臣一體之理。雍正三年（一七二五），湖北巡撫納齊哈患腹痛病，沒有及時奏報，雍正帝說「聞後甚焦急，爾理應早奏，派遣良醫，病癒後好生調養」，隨即派大夫田玉攜賜藥到武昌；又命他任職中書的兒子前往湖北護理。大夫爲納齊哈貼膏藥，服用平安丸，又熬湯藥醫治，是以病情好轉。但是，雍正帝仍命他「好生養病，應忌之飲食，須聽田玉之

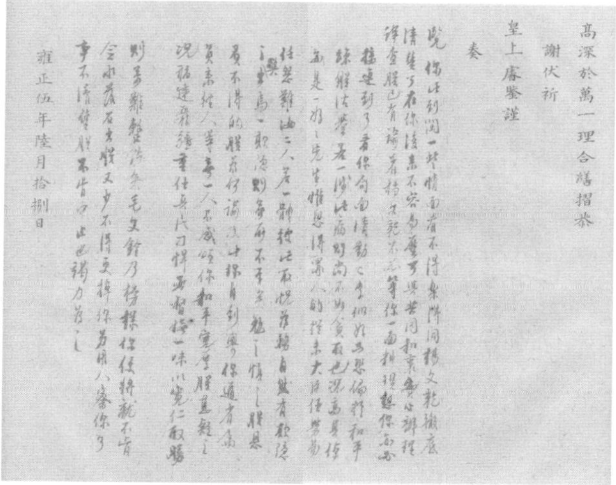

高深於萬一理合繕摺恭

謝伏祈

皇上睿鑒謹

奏

[illegible]

雍正伍年陸月拾捌日

▲福建巡撫常賚奏謝賜藥錠摺

言」；爲養好身體，尋常政事放手讓布政使、按察使辦理，並將皇上的旨意向司道官員宣布，令他們盡心協理政務。雍正四年夏天，盛京將軍噶爾弼患病，未曾報告皇帝。雍正帝後來得知後，立即派遣醫生前往醫治，同時責怪他「有此等道理乎」？又責罵他的同事尹泰、富格、額爾欽「亦不是人」，因爲他們不關心、不奏報噶爾弼的病情。雍正十一年，熱河副都統佛標在訓練新兵時墮馬受傷，由其弟海望轉奏皇上，雍正帝即賜藥、派大夫前往醫療。同年，靖邊副將軍常德患病，雍正帝賜藥並派大夫于宏前去治療，他病情稍好，即讓大夫返京。雍正帝說他，理應請旨後再讓大夫離開，既然如此，精心保養吧。

賞賜醫藥之後，雍正帝還細緻叮囑藥品的服用方法，以便取得良好療效。雍正十年（一七三二），他兩次賜給靖邊大將軍錫保金雞丹；稍後又賜「有力又好」的新製金雞丹，並要他將原先得到的轉送其他大臣，又詳細說明，服法是隔二、三日服一丸，並云此藥是「很好的東西，朕親服甚多。有益無損之藥也」。雍正十一年，雍正帝賞賜大將軍、平郡王福彭藥品一瓶，謂「此藥奇佳……每日食一丸」。同年，散秩大臣、副都統達鼐咯血，全身浮腫，夜不能寐，服用御賜藥即能入睡。雍正帝警告他「謹愼養身，深戒炕上事」。皇帝管臣工的性生活，亦爲奇事。

關懷臣工身後之事。前面說到蔣廷錫母喪的賜祭、朱綱死後的加銜，都是雍正帝關心臣工本人及尊親後事的例子，此類事甚多。雍正二年（一七二四），總兵官張宏英在西部軍營病卒。雍正帝因他是好總兵官，死得可惜，指示靖逆將軍富寧安酌情好生料理，賞銀一千兩，送回原籍。給死者及其家屬的加恩，這裡不再多敘，僅述大學士田從典一事，或許能夠獲知一般情形。

田從典，山西陽城人，康熙二十七年（一六八八）進士，康熙五十九年（一七二〇）任戶部尚書，雍正三年（一七二五）晉大學士兼吏部尚書，雍正六年三月初七日以衰病（七十八歲）不能供職懇請休致。雍正帝因其眞誠懇切，給他加太子太師銜以原官休致，賞賜帑金五千兩爲回籍路費和頤養高年之資，准予馳驛，沿途官員迎送，又令離京前賜宴，部院堂官出席告別，田從典本人陛辭，另予恩典。十六日賞賜他御書「元衡介福」匾及對聯一副，讓山西巡撫爲田從典製作匾聯，俟其到家後爲之懸掛。不料，田從典才走到直隸良鄉就病故了。其子年幼，不會料理喪事。雍正帝下令，派遣內閣學士前往幫助料理，靈柩送回陽城；並派遣領侍衛內大臣豐盛額、散秩大臣舅舅白起等帶茶酒往奠，並令山西巡撫照料其子，賞賜之匾聯另派員懸掛。此外，還爲田從典賜諡文端，入賢良祠。恩榮、哀榮備至。

雍正帝對臣工的種種關愛行動，究其眞實程度，當是虛情假意和眞情實意兩種成分皆有，然而不論眞假，畢竟還是從形式上體現了皇帝對臣工的關懷，體現君臣一體，並以此感召臣下，致使臣工感激涕零，勤謹効力，收到治理的效果。從來在上位者都懂得，對在下者略微假以辭色，對方就會感恩圖報；而給個笑臉、說句好話又不花費錢財，何樂而不爲！雍正帝深明其中的奧妙，樂此不疲。當然，施恩應該得體，否則在下者給鼻子上臉，在上者反而威嚴掃地。對此，雍正帝掌握得非常得體，展現了駕馭臣工之術的高明。話說回來，雍正帝對臣工的關懷，應該得到讚揚；我們不必因爲他是帝王就要以爲他全是假情假意，數落一番。

五、肆意辱罵臣工的劣行

雍正帝關愛臣工，對辦事稱心滿意者多加褒獎；對悟性較低者開導啟發，教育提高；對有失誤而又讓他不滿意的官員，動輒任性使氣。

▲胤禛行樂圖・書齋寫經

在官員的奏摺中謾罵譏諷，輕則斥爲糊塗、無知、可厭，重則罵爲不是人、死人、狗，甚至是侮辱人格的罵爹罵娘之類。筆者閱覽這些屢見不鮮、家常便飯的硃批諭旨時，常常想，君君臣臣，各有各的本分，各有各的禮數，皇帝也應禮遇臣工，不能肆意辱罵使其難堪。可是，雍正帝爲什麼這樣做？儘管辱罵訴諸文字，寫在奏摺裡，通常是他人不得而知的，可是，堂堂一國之君能夠這樣做嗎？事實擺在眼前，我們只有去努力尋求解釋。

責罵官員糊塗無知，不成器，這類羽量級的呵斥，目的是讓被罵者努力學習處理政務。候補道沈近思在福建兩年，閩浙總督滿保不加使用，及至獲知沈近思將內升爲侍郎，才於雍正二年（一七二四）二月二十四日奏請將他補放臺灣道員，藉以向沈近思賣人情。雍正帝看得明白，不留情面地揭穿了他：「甚是滑稽，該沈近思調來已有兩年何以未用？爾若得悉沈近思已被朕補放爲侍郎，爾或許會笑。」雍正帝正在制定、推行耗羨歸公之時，四川布政使羅殷泰卻於雍正三年十二月十九日奏請革除火耗。面對如此不懂政務的疆臣，雍正帝輕蔑地回答：「胡說之極，可笑之極！」但卻並沒有處分他，這實在是羅殷泰的幸運。雍正七年（一七二九）十一月二十日，乍浦水師營副都統

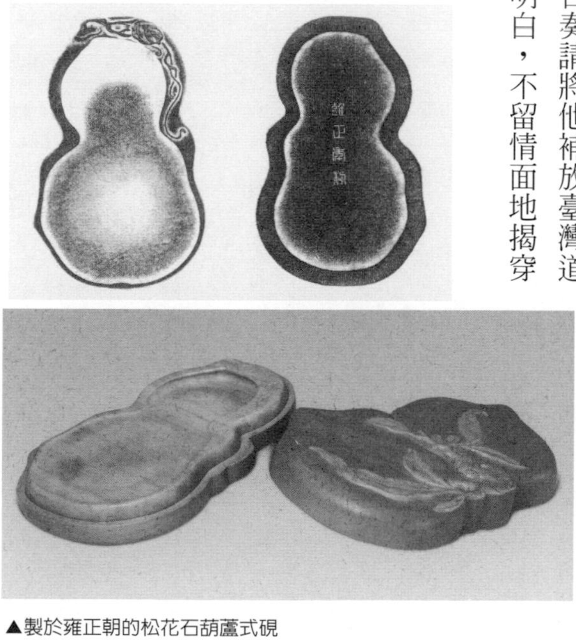

▲製於雍正朝的松花石葫蘆式硯

傳森奏報生息銀兩營運之策。雍正帝嫌他不達事體，罵道：「糊塗的東西，向李衛、阿里袞請教以行。」西藏辦事大臣鼐格對拉薩發生的事件未曾奏報，雍正帝只是責備而未處分，他於是在雍正八年十月二十六日上摺謝恩；雍正帝見到，生氣地罵道：「糊塗庸懦的東西。爾等蒙古人即此矣，只為喇嘛，不念是非父母，此為什麼風俗，朕實在不懂。如果再這樣，朕斷不輕饒。」荊州副都統觀音保奏報自作主張在甘肅鞏昌餵養馬匹情形，自以為是遇事靈活變通。結果，雍正帝嫌他不請示報告，給他澆了一盆冷水：「觀爾迂俗可厭。」

雍正帝對一些人的責罵，是怪他們不體諒皇帝的精力身體，愛君之心不足。雍正五年七月十六日，熱河總管固顏等奏報發放官兵錢糧，硃批：「此乃報部之事，何需摺奏……爾等空閒，無聊一奏，竟不顧朕日理萬機，何有閒暇閱覽爾等此數而仁慈無用之文，純屬一群不如畜牲之輩。」此乃感情不能控制之筆，罵人解憤。雍正六年九月二十八日，荊州將軍吳納哈奏報修繕坍塌城牆的瑣碎情形。雍正帝看得心

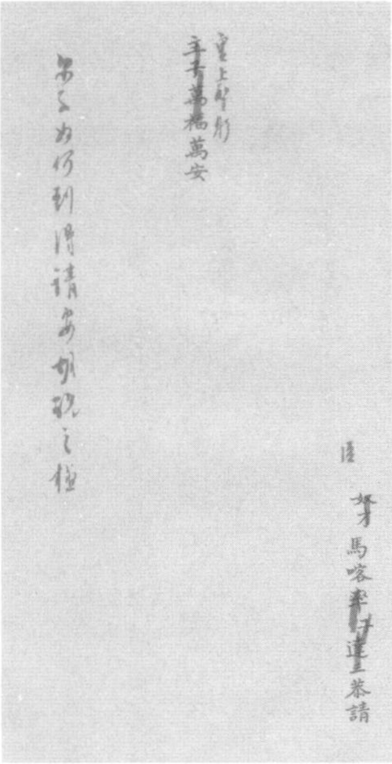

▲雍正硃批奏摺：爾子如何到得請安？胡說之極！

煩，批道：「此等未成之事，何以瀆奏。爲爾之差事，而不顧朕有無空暇，毫無體諒之心，此乃何臣之道？眞是老糊塗了！」

無情地挖苦譏諷官員，說俏皮話，說反話，戲謔人。雍正元年西北軍營有五、六個月未得錢糧，但士兵卻不靜無事，因而得到雍正帝的嘉獎。靖逆將軍富寧安具摺謝恩。這本係正常的事情，可是雍正帝對他的性格弱點早就不滿，借此機會說：「可憐者內，爾居其首。隱忍乃爾之罪，志堅又與爾無涉。戲書之。」雍正二年九月二十日，兵部右侍郎牛鈕奏請修復張家灣堤壩。雍正帝認爲他辦事心思不純，是爲在工程中貪贓受賄，故而說：「大買賣來了。償還之份力圖加倍索取。倘不足，朕再遣數名妥靠富人給爾。」說這種俏皮話，是警告他不要貪贓枉法，借用施工向承攬的商人索賄。雍正帝在整治允禩黨人時，曾明示、暗示兩江

▲「贏黛」「珠胎」銘御墨

總督查弼納予以揭發。查弼納於雍正三年正月初八日奏謝訓諭免罪，說「聖主仁愛卑臣，遠較慈父養育不肖之子為強，臣受恩深重，每念及此，後悔痛哭不已」。看起來似乎態度誠懇，然而卻不去揭發具體問題，所以雍正帝說他沒有誠意，撒謊騙人：「甚習慣了熟路，改也不易！人非聖賢，孰能知過而改，也難！」在準備征討準噶爾之時，歸化城都統丹津為顯示報效熱情，於雍正五年十一月十九日奏請充任披甲出征。哪有用都統大員做披甲的道理?!雍正帝毫不留情地說：「甚是滑稽，朕大笑而閱。若將爾以披甲派出，亦就充當（副都統）達鼐之奴才披甲而已。」

話本可以從正面說，但雍正帝有時卻採用諷刺、調侃的表達方式。雍正七年（一七二九）夏天，陝西旱情嚴重，西安將軍常色禮等人卻在齋戒之日吃食祭肉，為眾人譏笑議論。雍正帝遂大罵：「爾想爾自己是什麼東西……原係巧詐巨奸不體面之奴才也！」又在常色禮的奏摺中「奴才常色禮今年六十八歲」一句處，批云：「比去歲只增加一歲」，加以調侃；在「奴才若有巧詐不誠心之處」硃批：「竟不知自己行為之非是也，可惜朕教誨之心。不如畜牲！現在世上未有。」

痛罵臣工不知羞恥，不要臉。雍正帝講究臉面；並教育臣工不但要顧全自家臉面，因為是皇帝所用之人，還要顧全皇帝的臉面，這就不是小事了。雍正四年（一七二六）十二月十八日，盛京將軍噶爾弼奏報參銀，硃批說：「如噶爾弼不知羞恥，辜負恩澤之人，世

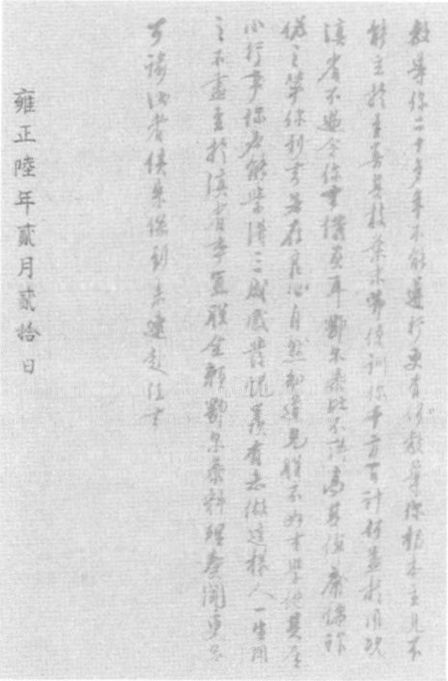

▲雍正硃批奏摺：教導你二十多年，不能遵行，更有何教導……便訓你千百計，何益於用？

上未必再有。」盛京的官員們圖謀合夥整倒盛京兵部侍郎永福，雍正帝看穿了他們的心思，對永福不加治罪。永福遂於雍正五年十二月二十一日具摺謝恩。雍正帝就此開導他：「朕之臉面乃爾之性命，是否好自爲之，或行不是，全在於爾。感戴回報乃小事，應設法不令眾人及朕分憂才是。」副都統邁祿因補放護軍統領，上摺謝恩。而他在補放之前所犯的錯誤這時被發現了，雍正帝遂以此罵他：「辜負朕恩，不要臉面。」杭州將軍鄂彌達因與地方紳衿往來被人議論。雍正帝令人轉傳警告之意，但未治罪，他遂上奏摺謝恩。雍正帝於是直接罵他：「不知羞恥。若仍不驚醒悛改，勿望一再寬容。」雍正七年，前鋒統領穆克登等奏請在烏拉地方修建旗人學校。雍正帝認爲他們只圖收買人心，不辦實事，遂指斥道：「爾等此奏少無誠意，隨口具奏，竟女人氣，佯裝好人之卑鄙之習，斷難改悔，朕驚奇不已！」雍正九年（一七三一），雍正帝賞賜浙江乍浦滿洲水師營官員之馬匹草料銀，並增加水兵祿米；副都統傅森因而謝恩。雍正帝乘機喝斥他：「恬不知恥。何臉面替官兵謝恩具奏。」

狗血噴頭地辱罵官員不是人，是死人，是畜牲，眞不知那些領受的官員是何種感受。

雍正帝繼位後，嚴令官員交回康熙帝及其本人的硃批奏摺。雍正元年十月二十一日，廉親王、管理工部事允禩等奏報，工部收到原任河南巡撫楊宗義的奏摺。其時楊宗義已亡故。允禩拿死人的東西上報，可能以此表示對皇帝的不滿。雍正帝大約就是如此理解的，遂將允禩罵成死人：「已死之人交給似爾昏聵而死之人耳，交朕何干？」雍正五年，在左都御史尹泰的幾份奏摺上，硃批是一疊令他難堪的話：「尹泰，爾以前幹什麼來著，該死的老畜牲！與彼等同負人之恩，還是身罹其禍。爾若負朕恩，則天必誅之。」「放老狗屁。」「爾甚卑賤，負朕之恩，裝作好人，取虛名。」「爾不是人……爾若再如此負朕起私心，不但天必誅殛，朕豈有甘休之理？」雍正七年四月十二日，前鋒統領穆克登上「奴才穆克登伏跪謹請聖主萬安」摺，因不合體例，雍正帝順便說道：「吳達納登如畜牲，伊等知道什麼？」盛京兵部侍郎永福多次挨罵，在雍正七年十月十九日奏報諸事遲誤緣由的摺子上，又一次領受了雍正帝的訓斥：「不知羞恥，該死的牲口，若再不悛改，不慎重品行，仍負朕恩，爾自己斟酌著看罷，朕與爾亦無旨可降矣。」雍正九年八月初二日，靖邊大將軍傅爾丹、陳泰等上請安摺。在陳泰名字處，雍正帝硃批，破口大罵：「不知羞恥，玷辱父祖，該殺。」

我們應該如何理解雍正帝責罵臣工的行爲？有一種因素或許應當留意，那就是雍正帝是個感情豐富的人，情緒上來了，不能控制就筆之於文字，甚至罵出口。比如，雍正八年

（一七三〇）五月，怡親王允祥薨逝。雍正帝極其悲傷，親臨發喪。他甚至希望大臣和他一樣悲哀難受，並在行動中表現出來。這時，天津水師營都統拉錫奏請派兒子進京代替他祭奠允祥。拉錫本是皇帝親信，但此刻卻未能領會雍正帝的心情，沒有請求親自進京致祭。雍正帝就將不滿發洩出來，說出重話：「爾此次所奏，奸猾不實，爾待允禵死後爾再來祭。」這事說來話長。雍正元年，允禵從西北軍營回京，首先到康熙帝靈前祭拜。其時，雍正帝也在場，但允禵竟然不向新君拜賀。拉錫為了維護禮儀，拉著允禵向雍正帝行禮。允禵非常憤怒，反而說蒙古人拉錫是胡虜，他的動作是在侮辱皇帝的親弟弟，要求懲治他。可見，拉錫與允禵根本沾不上邊。雍正帝卻說等允禵死了你再去祭祀，豈不是氣糊塗說出的話？

不過，更重要的原

形色天性流行
古今身體髮膚
罔敢弗欽德合
矩度律中元音
渾然道貌不愧
影衾然無顯非
隱無戕非深人
弟見氣宇清和
曰式如玉式如
金而不知黙與
天道者滿腔子
惻隱之心

▲允禵像

因，應當是雍正帝的「領主」觀念。他將旗人臣工視作奴才，故而認爲可以任意辱罵，恣意侮辱。滿洲人臣下對皇帝稱「奴才」，在前引奏摺文字中，已不止一次出現過。自稱奴才，在滿洲人的觀念裡是理所當然的；漢族臣工，起初也自稱奴才，後來不允許了，徑直稱「臣」。不僅普通大臣，就連親王亦自稱「奴才」。如允祥、允祿於雍正二年七月二十七日奏報與皇子至木蘭學習行圍的事，其中有「皇上若不爲我眾奴才而聖意有所顧慮，則我眾奴才之福矣」。隨後的奏摺又說「皇上特令我等眾奴才以習之、悅之」。對奴才，主子就有管教、役使的權力。奴才辦事不力，甚至出現錯誤、重大失誤，主子自然要擺出主人的身分予以懲罰，予以教導。這當中使用的語言粗暴，不僅不是主子的修養不足，而是行施主人正當權力所需要的，這樣才能鎮唬住奴才，令其服服貼貼効力。

在傳統觀念裡，向來有「人前訓子，背後教妻」之說。父親當眾訓子，兒子不會有什麼難堪，反而是家教好的表現。《紅樓夢》裡寫賈蓉向賈璉舉薦賈薔承擔去蘇州採辦戲子和物品的差事，並乘機向鳳姐獻殷勤，問要什麼東西。鳳姐罵他：「別放你娘的屁！我的東西還沒處擱呢，稀罕你們鬼鬼祟祟的。」長輩罵晚輩，理所當然。雍正帝也是以皇帝和父家長兩重身分來對待臣工，所有辱罵不算什麼。

長期以來，中國傳統社會是地主制。地主與佃戶是長幼關係，而並非主奴關係。在這種社會裡，皇帝與臣民是君父與臣民關係，亦非主奴關係，故而歷代皇帝大多待臣工以禮，像明代的廷杖那樣，皇帝當眾侮辱臣工確是罕見之事。在明代中後期，滿洲人實行的是領主制，領主對屬民近乎對待奴隸，人身控制程度很強，屬人依附關係程度很高。主人甚至可以致死屬人，責罵又算得了什麼？清初，滿族社會剛剛脫離領主制，仍保留了許多領主制下的習俗、觀念和行爲，因此皇帝拿臣工當作屬人、屬民對待。所以筆者以爲，雍正帝對待臣工的辱罵和高高在上的主子態度，是領主觀念與皇帝觀念相結合的產物，保留了領主對待屬人的態度。他謾罵臣工，也就不足爲怪了。其實，他的兒子弘曆繼位後，對待臣下也是這種態度。雍正十三年（一七三五），乾隆帝就在八月初三日定邊大將軍福彭奏報動用官銀補充軍需盤纏事的摺子上，憤怒地批寫：「不知廉恥，據此觀之，又係一無用之輩。……覽爾之所奏，深知爾之下賤無知，唾棄而閱。」新君還沒有多少權威，就如此這般地辱罵大將軍、郡王；況且福彭還曾經是他的伴讀，多少應當有點感情，可是現在就端著主子的架子，訓起奴才來了！

上面敘述的事實，令我們知道雍正帝的用人風格。他不次擢拔，獎懲分明，駕馭有方。其實，他更善於使用特務手段，派遣侍衛到地方大員身邊監視；通過密摺制度令臣工互相告密，對此，限於篇幅筆者未能述及。雍正帝用人的成功，是他高超理政能力的一種表現。他對臣工的有情與無情，反映出他確實是一個鐵腕統治者，也是一位明君。而透過他的用人及臣工的作爲，我們更能發現他在政治上的傑出作爲：初政穩定，前後兩任皇位成功過渡，其間沒有發生任何事故；啓用允祥等人解決國庫空虛的危機，又用蔣廷錫等人管理好度支；任用諾岷、田文鏡等人推行耗羨歸公與養廉銀制度；由張廷玉、允祥等人擬議軍機處制度；任命嵇曾筠、齊蘇勒等人修治黃河、運河；重用鄂爾泰等人實現改土歸流；任用王國棟等人整飭社會風俗；還有本章沒有敘述的大事，即任用直隸總督李維鈞率先實行攤丁入畝制度等等。政治更新的指導思想，各種新制度的制定——從醞釀、規範籌畫到確定，各項政策的強力推行，無不源於雍正帝。他是總制定人、推行人。因此，從用人一端，可以窺見雍正帝的高超行政能力和歷史功績。

第四章

雍正帝的學識與政策、政事

如果說雍正帝對「為君難」的認知決定了他使用臣工的方針和實踐，那麼，他對儒家經典於傳統禮節之外的創見，則體現和落實在更為廣泛的政事、政策中。本章就來討論雍正帝的學識與他的一些政治舉措、朝政成效的關係，我們將從他對經書的理解與政治方針、對康熙帝的評價開始談起；次第及於延續與更新康熙帝的政策，與俄國訂立新條約，派遣皇子代表自己秋獮，制定新法規，大力進行教化政策，強調華夷一家、天下一家的民族認同觀念，相對寬容的宗教政策，以及體現他政治觀念和思想意識的一些著述。

一、妙解經典，重農敦本

雍正帝在皇子時代，就已熟讀經書，並有自己的心得體會。

故而，他在鎭國將軍雍奇雍正二年（一七二四）八月初三日建議以禮法治國的奏摺上硃批道：「你的這一本書內之言，皆朕孩提時背熟之文，並非神奇眾人不會奧妙之學。著你作速悄悄銷毀，勿令人看後譏笑。」又說他「心可取而學問識見不及」。由此可見他自視很有學問。登極之後，雍正帝多次舉行經筵，與臣工探討經義，以便用於治國。

所謂經筵，是君臣講論經史，以之作爲治理朝政的準則。經筵講章由翰林院掌院學士和經筵講官預擬，得到皇帝批准後舉行。經筵在文華殿進行，每次先由四名講官分別講解四書、五經的講章，接著皇帝論述他的理解，最後是大學士對皇帝的聖解進行頌揚。事畢，皇帝回宮，賜宴講官、內閣九卿、詹事等官。

雍正六年（一七二八）二月十二日舉行經筵，講官孫柱、勵廷儀進講《孟子》「后稷教民稼穡，樹藝五穀，五穀熟而民人育」三句，常壽、吳士玉進講《尙書》「皇建其有極，斂

▲舉行經筵的文華殿

時五福，用敷錫厥庶民」三句。雍正帝隨即說出自己的理解。就《孟子》教民稼穡一事，他說，上古聖人早有教民生產的成法，當今「爲君臣者倘不能實盡其重農務本之道以厚民生，對之古人，能無深愧」！他論《尚書》講義：「『極』者，萬事萬物之標準，隨地而有者也。人君當立天心之極，至於督撫則當立一省之極，州縣有司則當立一方之極，在廷臣工則當正心端本，輔翼贊襄，以成人君建極之道。朕與諸臣願共勉之。」對於「教民稼穡」，《十三經注疏》解釋道：「主人教以人事，父父子子君君臣臣夫夫婦婦兄兄弟弟，朋友貴信。」意即，不僅在上位者的君主、士大夫有其規範，父子、夫妻、兄弟、朋友皆有其規矩，所有的人都應遵照規則行事，不可違背。「極」，《十三經注疏》解釋爲，以中庸之道治民、教民，使民得福。

雍正帝的理解是，君主和大小官員應層層爲民立極。也就是說：極，是行爲準則；建極，立萬事萬物之標準；人君立極，是根據天意，建立君主、臣工、民人的各自行爲準則，爲民造福。君主建極，應該對國家的基本子民——農民、對國家的基本產業——農業給予更多的關注。所以，將《孟子》的重農語錄和《尚書》論述建極的章句放在一起講解，是要說明國家大政之所在。大學士張廷玉等領會了雍正帝的意思，歌頌道：「皇上建極其猷，重農敦本，天德王道實踐躬行，又復訓誨臣工，共相勸勉。聖訓精切周詳，臣等不勝欽佩。」這表明，皇上建極，重農敦本是政綱的重點。雍正帝的建極，綱領是重農，實現的手段是各級官員依其本分努力使皇帝的方針政策落實生效，並向民間施行教化，讓農民吃飽穿暖的同時也要讓他們接受教化。朝廷的一切政策都是由這個政綱衍化而來的。

▲滿文抄本《四書講章》

雍正帝對經史的見解，多有與傳統的、主流的觀點不同之處，由此可見其獨立的創建。雍正六年（一七二八）八月初六日經筵，留保、史貽直進講《中庸》「唯天下至誠爲能，經綸天下之大經，立天下之大本，知天地之化育」四句。雍正帝接著說：「『經綸天下之大經，立天下之大本，知天地之化育』，向來詮解皆以爲至誠之用，朕以爲此即至誠之體。至誠，渾然天理，眞實無妄，天下之大經大本，天地之化育，皆全備於性分之中，非大經大本化育之外，別有至誠，亦非至誠之外，別有大經大本化育也。至誠，全體包含具足，自然而然，若因本文能字，遂指爲至誠之功用，恐於理解未融。」

「本」是原則、法則、根本；「用」是原則的運用，是本的體現，但不是「本」本身。雍正帝在此批評傳統說法，用意在強調「至誠」，以之爲君臣關係的法則。雍正五年（一七二七）八月初六日經筵，講官鄧德進講《論語》「予以四教文行忠信」一節。人們通常將文、行、忠、信區分成四個部分進行講解。雍正帝頗不以爲然，他說：「講章內將文、行、忠、信分爲四端，此是常解。朕以爲仁義道德之理，見於詞章者爲文，見於躬行者爲行，實有諸己則爲忠，誠孚於物則爲信。分之固爲四端，合之則此一理，聖人四教，即謂之一教亦可。」意思是說，做人最根本的仁義道德原理，寫成文字的爲「文」，見諸行動的是「行」，嚴於自

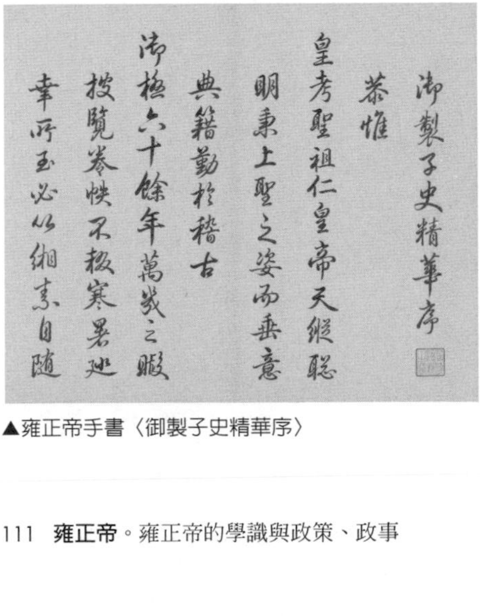

▲雍正帝手書〈御製子史精華序〉

律的是爲「忠」，用事實表現出來的誠意就是「信」，所以文行忠信好像是四件事，其實統統都是仁義道德的體現，是仁義道德一件事。聖人的四教，其實就是一教。他將文行忠信歸結爲仁義道德，讓人處處不忘這個做人的根本法則。張廷玉等人對雍正帝的獨見表示佩服：「皇上學宗洙泗，治協唐虞，內聖外王，萬殊一本，聖訓精微，臣等不勝欽服。」對於經書，讀書人哪裡敢隨便說解，任意發揮？他們大多是謹小慎微，人云亦云。所以，自來都是皇帝才可以說出自己的理解；而且只要不太離譜，就會被臣工吹捧爲「學宗洙泗」，高明得很！話說回來，雍正帝倒是確有他的獨到之處，發人所未發之論，得承認他有學問。皇帝不受講義束縛，用心者是會有心得，有新說的。

雍正五年（一七二七）四月二十三日，雍正帝發出一道上諭，說「孔子爲政，三月而魯大治，則孔子豈徒以德行見稱而無實政及於民生哉」？他指出，孔子不只是學問道德上的聖人，還是政治上的實踐家。由此，雍正帝說到他自己的政治主張和實踐：「朕治天下，用賞用罰悉秉至公……孔子曰：不如鄉人之善者好之，其不善者惡之。即不能無怨望之人，得不善者之惡，豈不愈足以彰吾之善，見吾用法之公乎？」他表示，頒令施政就不要怕有人反對、抱怨，要堅持公道，堅持賞罰分明，不要虛名，要爲政務實。由此可知，雍正帝講經典，講學問，是以之爲理政的指導思想，強調落實到施政之中。

二、對康熙帝政策的繼承與更新

雍正五年（一七二七）正月，因出現黃河清的祥瑞，群臣恭賀。太常寺卿鄒汝魯敬獻的〈河清頌〉內有「舊染維新，風移俗易」的文字。

這是脫胎於《尚書》中的「舊染汙俗，咸與維新」，意在歌頌雍正帝移風易俗的新政；可是無意中卻貶低了康熙朝——新舊兩朝的朝政進行對比，才是「舊染維新」。鄒汝魯本來是好意，但是觸動了雍正帝講孝道、表面上全面維護康熙帝的政治原則。雍正帝借機闡述他秉承康熙帝一切政綱的方針：「朕御極以來，用人行政，事事效法皇考，凡朕所行政務，皆皇考已行之舊章，所頒諭旨，皆皇考已頒之寶訓，初未嘗少有所增損。」並責問鄒汝魯：「所移者何風，所易者何俗，舊染者何事，維新者何政？」他指責鄒汝魯居心不良，將之革職，發往湖北荊州府江岸工程自費効力。打著老皇帝的旗號，實行新皇帝的政策，這種事大家都心知肚明。鄒汝魯大約是個書呆子，直截了當說了出來，結果不但自己遭了殃，還給雍正帝提供了表白的機會，讓雍正有藉口打著維護康熙帝政策的旗號，實行自己的新政。隨後，雍正帝在二月前往遵化謁陵；閏三月，雍正帝撰文的〈聖祖仁皇帝聖

▲景陵神道碑

▲康熙帝老年像

德神功碑〉被立於景陵。

景陵的〈聖德神功碑〉碑文，全面歌頌了康熙帝，是雍正帝及清朝皇室對康熙帝的評價。我們在這裡略做介紹；並與今人對康熙的評論作出對照，從中透視雍正帝的政治觀念及其對康熙帝事業有選擇的繼承。

碑文概述了康熙帝的一生，內容包括稟賦資質、政績功業、待人接物三大方面。在爲人素質方面，康熙帝天性純孝，聰穎力學，深明敬天法祖之道，始終勤於政事，不憚煩勞。在政事方面，他實行密摺制度，引見人才，平定三藩，實現臺灣建制，平定察哈爾布林尼之亂，取得雅克薩之捷並與俄羅斯訂立「尼布楚條約」；三征噶爾丹蕩定朔漠，戡定西藏並使達賴復位；修治黃河、淮河、運河，巡幸訪察民瘼，普免錢糧，慎刑恤民；頒布聖諭十六條教化庶民；崇尚理學，修纂曆算之書；祭奠明孝陵。在爲人方面，他眷待舊者，優遇官員，舉行千叟宴；自身行爲端莊自勵，生活儉樸，謙遜自守，拒絕了群臣上尊號之請。雍正帝總論康熙帝的爲人與業績，將之歸納爲兩點：一爲開疆拓土，所謂「守成之業，恢於創造，拓開疆宇，廣袤各數萬里，在昔未賓之國重譯踵至」；另一爲德政愛民，「接堯舜禹湯文武孔子之心傳，優入聖域而仁覆天下」。

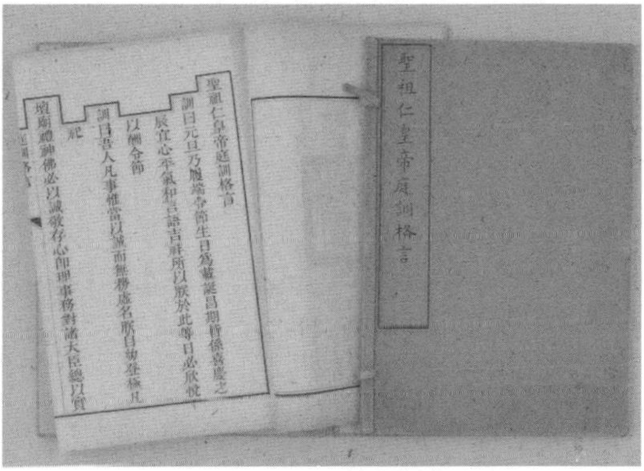

▲《聖祖仁皇帝庭訓格言》（雍正內府刻本）

今人對康熙帝的評價，在事功方面與雍正帝相同，只是遣詞用字有所差異。時下很多學者講康乾盛世，筆者也這樣講，這主要是就疆域的開拓和穩定而言。雍正帝還強調康熙帝的敬天、孝道、天賦、勤學，這卻是今人很少涉及的，蓋因評價體系與價值觀念不同所致，其實這些也不應當被忽視。今人評論與雍正帝相同的方面，說明這些是康熙帝值得肯定的地方。

雍正帝對康熙帝的肯定，在諸多方面是不易之言。這表明他要全面繼承康熙帝的事業，從中也可以發現其嚮往之所在。他說到康熙帝實行密摺制度、引見人才、與準噶爾鬥爭、與俄羅斯修好、治河、聖諭教化、崇尚理學等等，他大多在繼續進行，或大力推行。如對準噶爾兩路用兵，與俄羅斯簽訂「恰克圖條約」，宣講《聖諭廣訓》，尊崇孔子達到無以復加的程度，密摺制度更加制度化，越發令其在處理庶務、推行政策、控制臣下中發揮作用，引見官員制度細化，引見更頻繁，更廣泛。康熙帝所行之事，有的雍正帝不能實行，如巡幸秋獮，他也有所交代。由雍正帝刊立的康熙帝〈聖德神功碑〉，可以看出他對康熙帝事業的繼承、更新。我們將在後文敘述與此相關的幾件政事。

雍正帝從實際出發推行的政治更新，顯而易見是針對康熙朝的朝政來的。可是，他非常忌諱公開講，是以有開篇說到的鄒汝魯的倒楣事發生。其實，雍正帝對康熙晚年的朝政不滿，尤其對康熙晚年實行多一事不如少一事的施政方針不滿，但是礙於情理，不能直說，偶爾在不得已時才委婉地表達出來。他認爲自己比父親更了解下情，深知政情中的利弊，因而不得不改革。閩浙總督滿保於雍正元年（一七二三）二月初一日奏報每年總督衙門各項進銀數目，有不能不接受下屬銀兩的實情。雍正帝表示能夠理解，硃批說：「爾等因掣肘不得已耗用銀兩之處，朕豈有不知！所得經費顯然不敷用，須例外收取點。」但是話鋒一轉：「即便如此，爾等卻不知皇考恩典，恣意揮霍，全無正用。此等言語何必奏朕，朕豈為八歲登基之君。」雍正帝的意思是，康熙帝八歲登基，不了解下情，而自己可不是這樣，是不能被糊弄的；所謂「爾等卻不知皇考恩典，恣意揮霍」，明著是批評臣下，暗含有康熙帝太過寬容，令臣工恣肆，而不予整飭的意思，有否定乃父之意。所以他才清查財政，並隨後制定耗羨歸公和養廉銀制度。在滿保的另一份奏摺上，雍正帝批寫道：「對皇考如是具奏可也，對朕此言何用？……若仍如前欺瞞朕聽，非但不成，且多無益。」他明確指出，臣工欺蔽康熙帝可以，但卻瞞不了我雍正皇帝。他一方面表示尊崇父皇，另一方面謂其繼位太早不了解下情，晚年又倦勤；與此同時，他認為自己閱歷豐富，精力充沛，能夠處理好政事，能夠而且必須除舊布新，興利除弊。他並不是為了貶低康熙帝而抬高自己，而是讓人知道他是什麼樣的人。既然萬事瞞不過他，那就應誠心對待他，和他合力行事，釐剔弊政，實行新政。

三、雍正朝的「學習」秋獮

康熙帝自在位的二十年代後期起，幾乎年年北狩，訓練八旗將士，增強武備，拉近與蒙古王公的關係，並且建造熱河行宮，作為秋獮和夏季以至秋季處理政務的中心。

雍正帝號稱繼承康熙帝帝業，本應也進行秋獮，但是卻一次也沒有進行。早年的原因是爲防範允禩等人發動政變，不敢遠離北京。所以，他在雍正四年（一七二六）十月初二日說：「皇考慎重武備，每歲舉行邊塞校獵講武一事，朕年來未一舉行。」不過深知「國家武備，關係緊要，不可一日廢弛」，實在是對允禩不能不「有防範之心，不便遠臨邊塞」；

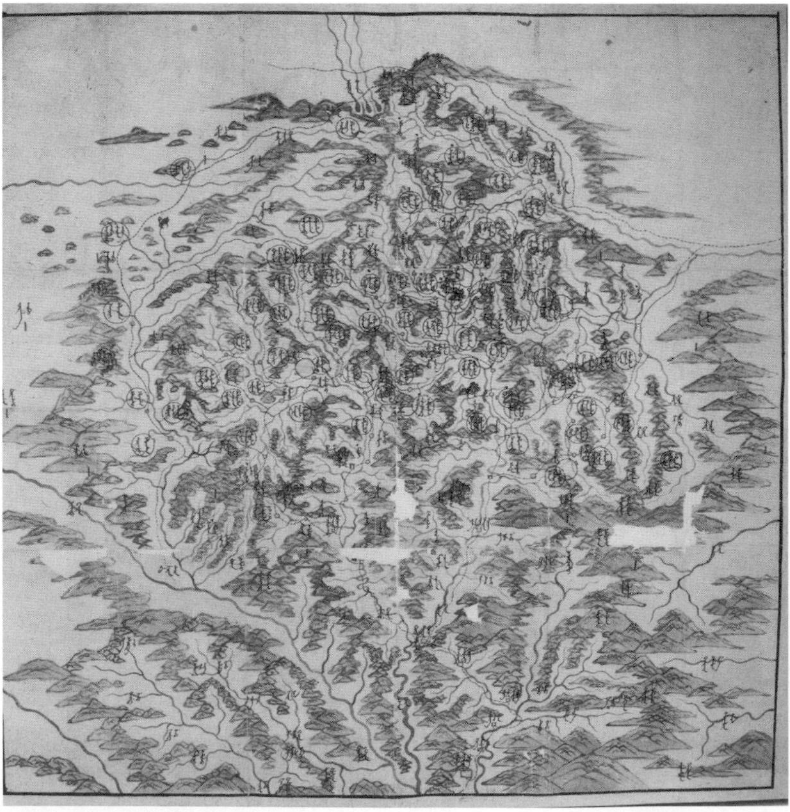

▲清內務府《木蘭圖》主要反映清帝木蘭秋獮的北上路線，地名均用滿文標注

▲清　泥塑彩繪雍正像

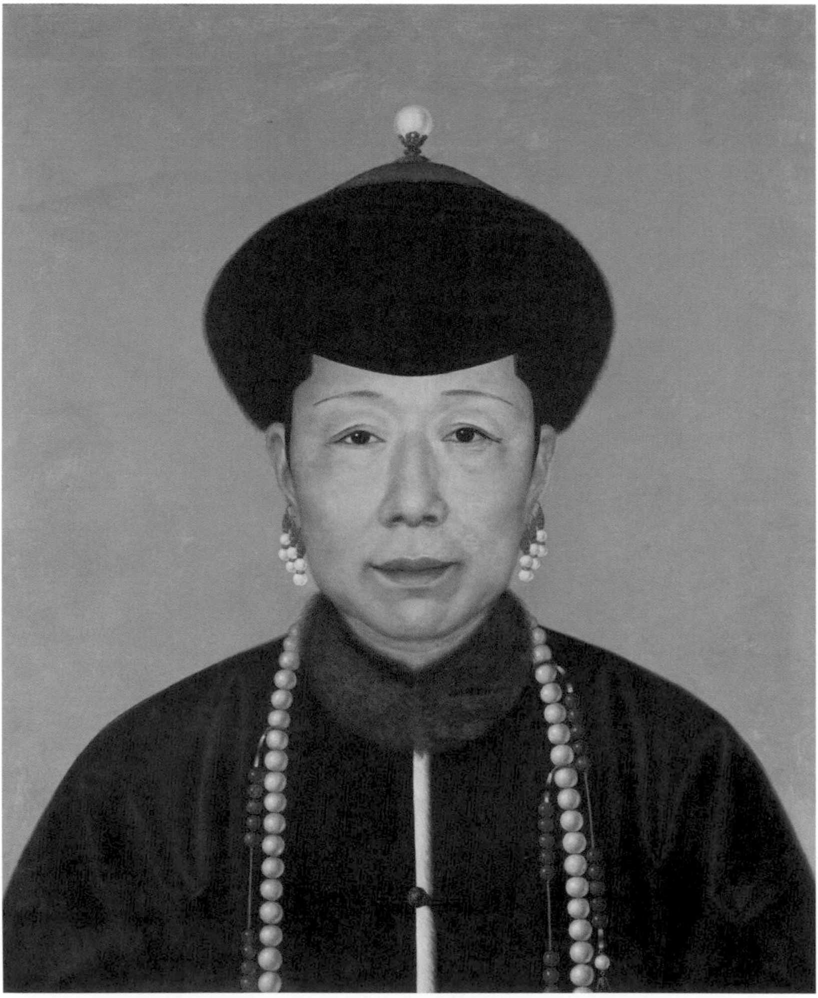

▲雍正孝聖憲皇后像

▲清 美人圖．撚珠

▲清 美人圖．鑒古

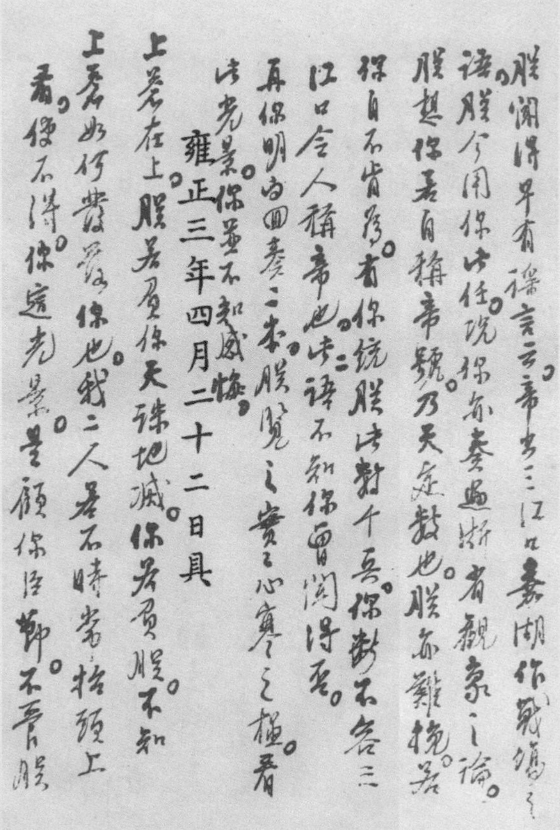

朕聞得早有謠言云。帝出三江口。嘉湖作戰場之
語。朕今用你此任。況你亦奏過浙省觀象之論。
朕想你若自稱帝號。乃天定數也。朕亦難挽。若
你自不肯為。有你統朕此數千兵。你斷不容三
江口令人稱帝也。此二語不知你曾聞得否。
再你明白回奏二本。朕覽之實實心寒之極。看
此光景。你並不知感悔。
雍正三年四月二十二日具
上蒼在上。朕若負你天誅地滅。你若負朕。不知
上蒼如何發落你也。我二人若不時常抬頭上
看。使不得。你這光景。是顧你臣節。不管朕

▲雍正硃批〈年羹堯奏謝調補杭州將軍摺〉

▲清代北京西直門

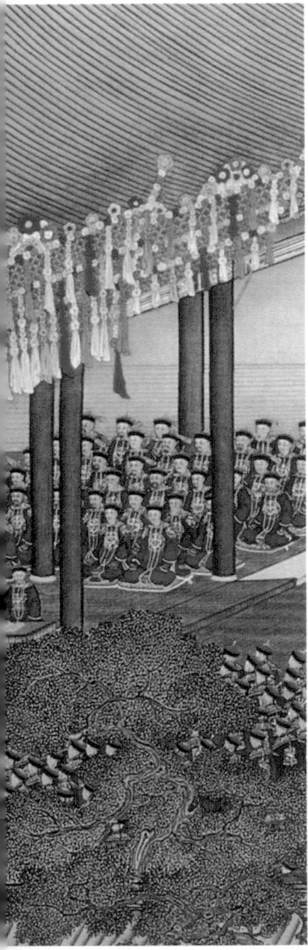

▲清 胤禛行樂圖・荷鋤

▲清 徐揚《姑蘇繁華圖》中的農舍

▲《雍正帝臨雍講學圖》局部（清宮廷畫家繪）

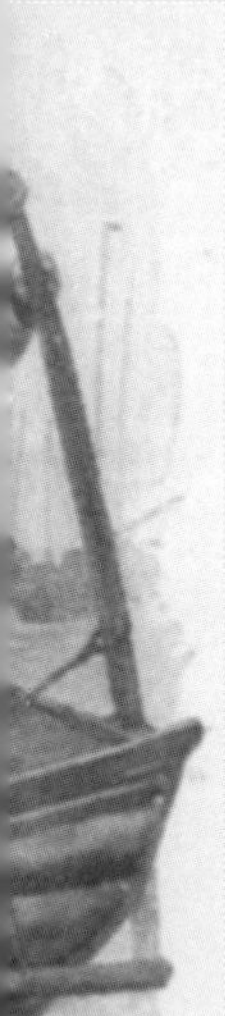

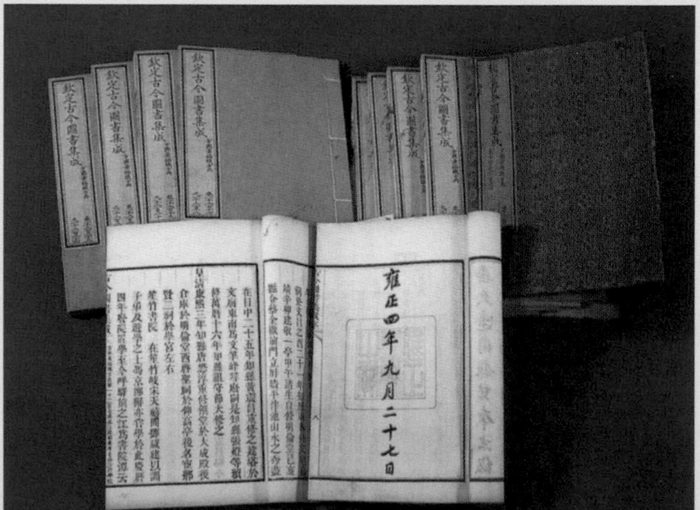

▲《欽定古今圖書集成》（雍正六年內府銅活字本）

▲木蘭秋獮圖

▲雍正梅花鹿皮行裳

▲蜑家女

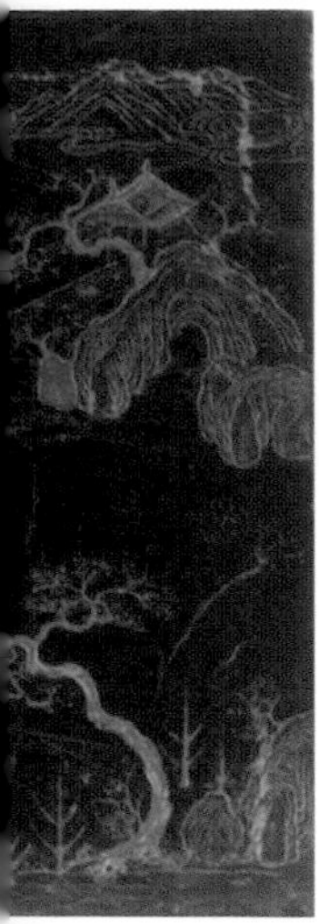

▲清　郎世寧　嵩獻英芝圖

▲清 黑漆描金山水樓閣圖炕几

▲中國皇帝親耕圖（西洋銅版畫）

▲養心殿西暖閣「勤政親賢」殿

▲清雍正 「贏黛」「珠胎」銘御墨

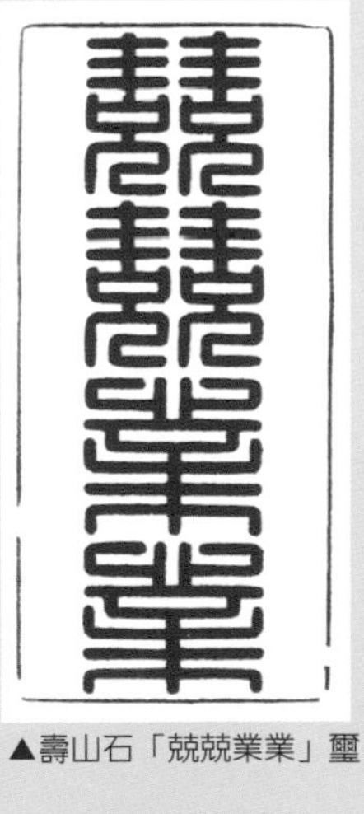

▲壽山石「兢兢業業」璽

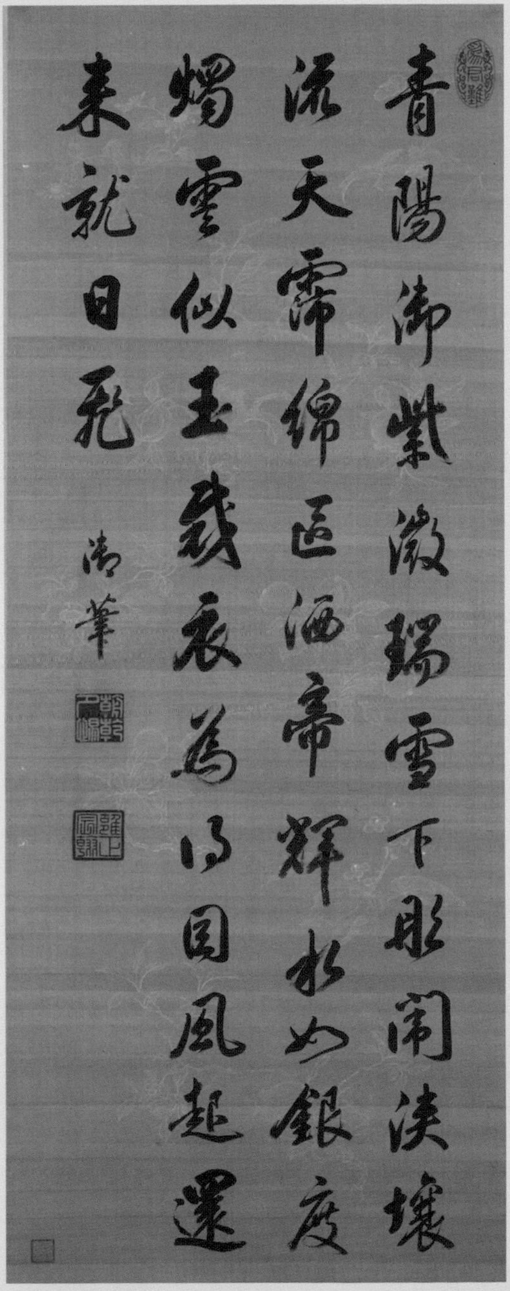

▲雍正帝行書詩

▲雍正紅地五彩雲蝠龍鳳妝花緞袍料

▲清雍正　黑漆描金百壽字碗

▲雍正「為君難」壽山石螭鈕長方印

▲清雍正　紫檀座珊瑚麻姑獻壽盆景

▲清 胤禛行樂圖像冊·喇嘛裝

既然「武事不可廢弛，故於前歲令皇子出口行圍，以示訓練之意」，也是效法康熙帝的一種形式，聊以了卻一樁心事。

這就是雍正二年（一七二四）皇子木蘭行圍的緣起。此次出行人員是怡親王允祥、莊親王允祿、領侍衛內大臣馬爾賽和眾皇子。皇子中，無疑應該有弘曆、弘晝，這時他們已經十四歲，他們的父輩在這個年齡早就跟隨康熙帝行圍了。那麼，雍正帝特別寵愛的八阿哥福慧出行了嗎？此時他才四歲，太小了，想來雍正帝是不會放心讓他去的。雍正帝厭惡的三阿哥弘時能不能前往，我們就無從得知了。後續前往的還有雍正帝侄輩貝子弘常、領侍衛內大臣馬武等人。此次出行的目的說是「學習遊獵」，即允祥等奏摺所說的臣等「與眾阿哥仰賴皇上殊恩，令眾人學習遊獵」。也就是學習

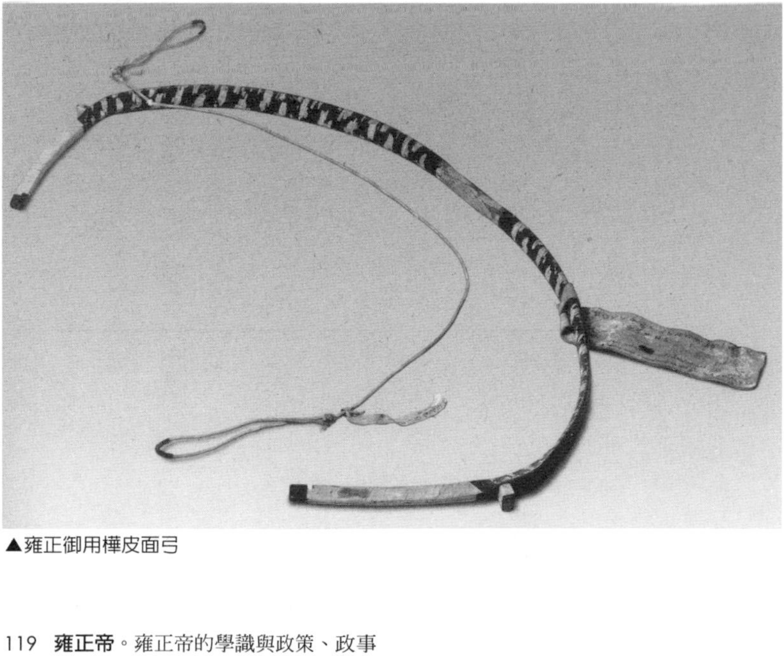
▲雍正御用樺皮面弓

行圍打獵，訓練武備，並以皇子和親王身分代表皇帝與蒙古王公交往。此次出行的時間是七月十七日出發，八月二十九日回到北京，為時四十餘日。

在外期間，允祥、允祿與雍正帝之間，頻繁地文書往來。允祥等用奏摺報告行至地點和活動情形，雍正帝用硃批給予指示。允祥等圍獵於巴顏喀拉，哨鹿於博登圖，眾阿哥將初次圍獵親自射獲的肥鹿肉恭獻父皇。雍正帝很高興，硃批要他們盡情歡樂，盡情遊獵，能以肥壯的身體回來，才合於朕意。允祥等稱，眾人均能發胖而回。雍正帝又說：「爾等若能令朕垂涎欲得，則爾等方為一群強壯男兒。發奮向前。」雍正帝本人以胖為好，為健壯，所以表示羨慕肥壯之軀；健壯不僅要身體好，還要有發奮向前的意志。允祥等奏稱：「公鹿肥壯，不甚鳴叫。」雍正帝因此批准他們推遲兩三日，等候鹿鳴，「若令初次學習遊獵之人，並小子們，已經回家之後仍能思念，方為有趣」。

在允祥等人到達木蘭圍場前好幾天，翁牛特郡王、額駙藏津，喀喇沁郡王、額駙伊達木札布等以下貝子、公，台吉以上人員已經來此等候，並請允祥代他們恭請聖主萬安。雍正帝硃批回覆：「朕躬甚安，爾等皆安好麼？爾等老幼多人前來，而王、阿哥等是否令爾等歡悅或難為？是否與爾等和睦相處？著據實具奏。」雍正帝表示，親王皇子等前來，不能打擾蒙古王公。允祥等遵照雍正帝不得煩勞蒙古的諭旨，考慮到蒙古眾人在圍場已一個多月，馬多乏力，應乘水草好時返回，故讓他們適時離去。雍正帝讚賞允祥等的果斷處理，誇獎他們辦理甚妥。

對於這次行圍，雍正帝和允祥等人均很滿意。允祥等人表示，成功是皇帝指示和天意的結果：「此次圍獵，皆賴於皇上之聖意、指示、教誨，而天佛又感應，是以毫無過錯或失傷之處，確為喜悅、不安之一次。」雍正帝更把它與青海平叛的成功相提並論：「此次派裕親王為首眾人，必有喜也。朕即位後，初兵青海，爾等初獵，實乃天、佛、皇父、天神之憫佑恩澤。」由此可知，他將皇子親王行圍，看作是重大政治事件，也是圓滿成功的大事。

四、與沙俄簽訂「恰克圖條約」

康熙帝與沙皇俄國訂立了解決兩國東段邊界問題的「尼布楚條約」。雍正帝於雍正六年（一七二八），與俄國簽訂劃定中俄中段邊界的「恰克圖條約」。

代表清朝談判的，開始是原任理藩院尚書隆科多，後因被發現私藏玉牒而撤換；於是，談判之事實際上是由兵部右侍郎圖理琛負責進行。此人曾於康熙五十年代出使生活在俄國境內的蒙古土爾扈特部，於康熙五十四年（一七一五）回國，帶回俄國東正教教士，是以有與俄羅斯人打交道的經歷。簽字的是喀爾喀郡王、額駙策凌。俄方代表是薩瓦·務拉的斯拉維赤。

簽訂條約的背景是康雍之際，新疆蒙古準噶爾部騷擾喀爾喀蒙古，有蒙古人逃亡到俄羅斯境內；因俄國支持準噶爾，康熙六十一年（一七二二）中斷了中俄貿易，並拒絕俄國庫爾齊茨基主教入境。雍正二年（一七二四），俄國爲改善兩國關係，部分遣返中國逃人。雍正三年，新沙皇葉卡捷琳娜一世派遣務拉的斯拉維赤爲大使，出使中國，祝賀雍正帝登基並知會她的繼位，談判貿易和劃界事務。

「恰克圖條約」的草約於雍正五年（一七二七）七月簽訂。圖理琛於七月十八日奏報勘定北部邊界事，著力陳述邊民頌揚聖主恩德，稱頌與俄羅斯議界是流芳百世的盛事。這份奏摺遭到雍正帝的痛斥，因而有必要在此徵引。圖理琛說：「邊界地方，絕域國民不勝感戴棟樑聖主之仁恩，傾心賓服教化，順利勘定北邊萬餘里邊界。奴才我等所勘定邊界之摺本，請交付內閣兼擬漢文，奏上閱覽，更定後請聖主硃批交付科衙門。宣揚聖主之教化，使海外眾人傾心賓服，仁恩洽暢，萬國不勝感戴等情，請即宣告天下，以流芳百世。」他以爲吹捧了皇帝，自己也立了大功，興致沖沖地等著議敘領賞。然而，雍正帝卻不認爲這是自己的創造性功績，而實事求是地歸功於康熙帝的開創。硃批寫道：「此並非爲初創之事，俱爲聖祖皇考所創之事，我等今輕鬆勘定邊界，辦理不力，而如此自吹自誇，爾居心何在？朕不得而知！惟朕閱覽後，羞愧不已。以此奏看得，爾任性無恥。是次硃批，著令王、額駙策凌、克什圖等一應過目。」有「尼布楚條約」在先，再定條約，有例可尋，不應當那麼誇大其詞，自我吹噓。在這一點上，雍正帝有自知之明。他還令策凌等人閱讀這件硃批，即令所有的談判代表都知道皇上的態度，以便認眞辦事，擬定好條約的正式文本。

▲清人繪《廣輿勝覽圖》之「鄂羅斯夷人」

「恰克圖條約」於雍正六年（一七二八）五月正式簽訂，內容是劃定中俄喀爾喀邊界，

▲雍正御用月白緞繡金龍棉甲

▲雍正御用銀刻花嵌松石珊瑚馬鞍

處理越境逃人，確定貿易方法，規定俄國來華主教職員和留學生人數。條約除了劃界的意義外，還在法理上限制了俄國對準噶爾的支援、對中國內部事務的干擾。正是在這種國內、外環境下，雍正帝經過幾年，尤其是雍正五年、六年的準備，於雍正七年對準噶爾兩路用兵。中國歷史上長期存在「北患」問題，中原王朝多處於被動地位，受北方少數民族的騷擾、蹂躪，社會資源慘遭耗損。清朝的主動出擊，始於雍正帝兩路用兵，向準噶爾本部進擊，但沒有取得進展；直至乾隆二十年代平定準部，從此北方、西北、西南邊疆穩定。清朝成功地處理了與蒙古人的關係，中國歷史上的「北患」問題至此一勞永逸地解決了，其功至偉。

五、曾靜投書案與全新的國家認同觀

曾靜，湖南永興的讀書人，具有強烈的反對清朝和雍正帝的思想。

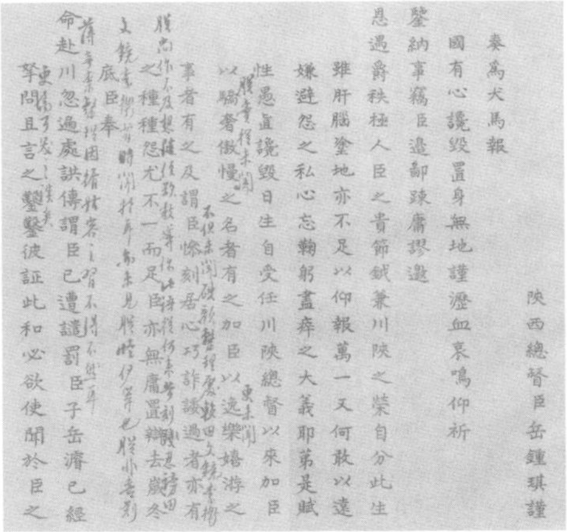
陝西總督臣岳鍾琪謹
奏為犬馬報
國有心讒毀置身無地謹瀝血哀鳴仰祈
鑒納事竊臣邊鄙踈庸謬邀
恩遇爵秩極人臣之貴節鉞兼川陝之榮自分此生
雖肝腦塗地亦不足以仰報萬一又何敢以違
嫌避怨之私心忘鞠躬盡瘁之大義耶第是賦
性愚直讒毀日生自受任川陝總督以來加臣
以驕奢傲慢之名者有之加臣以逸樂嬉游之
事者有之及謂臣慘刻居心巧詐誣過者亦有
之種種怨尤不一而足臣亦無庸置辯去歲冬
底臣奉
命赴川忽過處訛傳謂臣已遭譴罰臣子岳濬已經
問且言之鑿鑿彼証此和必欲使聞於臣之

▲岳鍾琪為讒言事奏摺之一

他說「明君失德，中原陸沉，夷狄乘虛入我中國，竊據神器」，反對滿人統治；又說「孔雀翎，馬蹄袖，衣冠中禽獸」，咒罵清朝制度；他更列出雍正帝的十大罪狀，將之斥爲違背人倫的暴君。曾靜並不單純有想法，更重要的是，他還付諸行動，希望推翻清朝，恢復漢人政權。他聽信社會傳聞，認爲川陝總督岳鍾琪是宋代抗金名將岳飛的後人，而滿族是金人的後裔，因而以爲可以用替祖宗報仇雪恨的民族意識，策動岳鍾琪起兵推翻清朝，遂於雍正六年（一七二八）九月派遣弟子張熙到西安致書岳鍾琪，勸他造反。

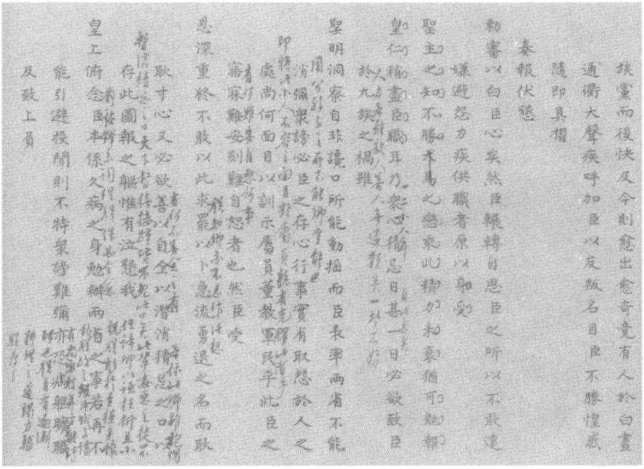
狹黨而後快及今則愈出愈奇竟有人於白晝
通衢大聲疾呼加臣以反叛名目臣不勝惶惑
隨即具摺
奏報伏懇
勅審以白臣心矣然臣輾轉自思臣之所以不敢違
嫌避怨力疾供職者原以仰受
聖主之知不勝犬馬之戀戀此精力和衰猶可勉報
皇仁稍盡臣職耳乃衆心猜忌日甚一日必欲致臣
於九族之禍雖
聖明洞察自非讒口所能動搖而臣表率兩省不能
消彌衆謗必臣之存心行事實有取怨於人之
處尚何面目以訓示屬員董教軍民乎此臣之
寢寐難安刻難自恕者也然臣受
恩深重終不敢以此求罷以卜急流勇退之名而耿
耿寸心又必欲善以自全以潛消猜忌之口
存此圖報之軀惟有泣懇我
皇上俯念臣本係久病之身勉勵而有之事若再不
能引避投閒則不特衆謗難彌
反致上負

▲岳鍾琪為讒言事奏摺之二

岳鍾琪自然和雍正帝站在一起。雍正帝得知此事後，作出用他自己的話說是「出奇料理」的反應，即從兩個方面著手：一是下力氣尋找說他失德的輿論之根源；二是論證滿人統治的正當性，即合於中國法統性質。經過一番努力，他自己講，他的目的達到了。他找出了辱罵他殺害父母、篡奪皇位的流言源自允禩集團，是失敗者不甘心滅亡散布的，純粹是誣蔑之詞，而影響及於民間，不足為奇。其關鍵在朝中，是爭奪、保衛皇權的政治鬥爭，而並非皇帝失德，得位不當，他是依據康熙帝遺命繼位的。對於滿洲入主中原的法統正當性，雍正帝跳出漢人傳統的「華夷之辨」——華夏是主體，夷狄是禽獸，不可以入主中原的議題。他以天下一家、華夷一家的觀念為基礎，來論證滿洲統治的合法性。他認為，邊疆夷狄與中原華夏不是人獸之別，只是籍貫不同而已，至於誰來主宰天下，要看行政是否合於儒家理想的仁德，有德者即合法，而不在於是什麼民族、籍貫，因此滿洲當然可以治理華夏。

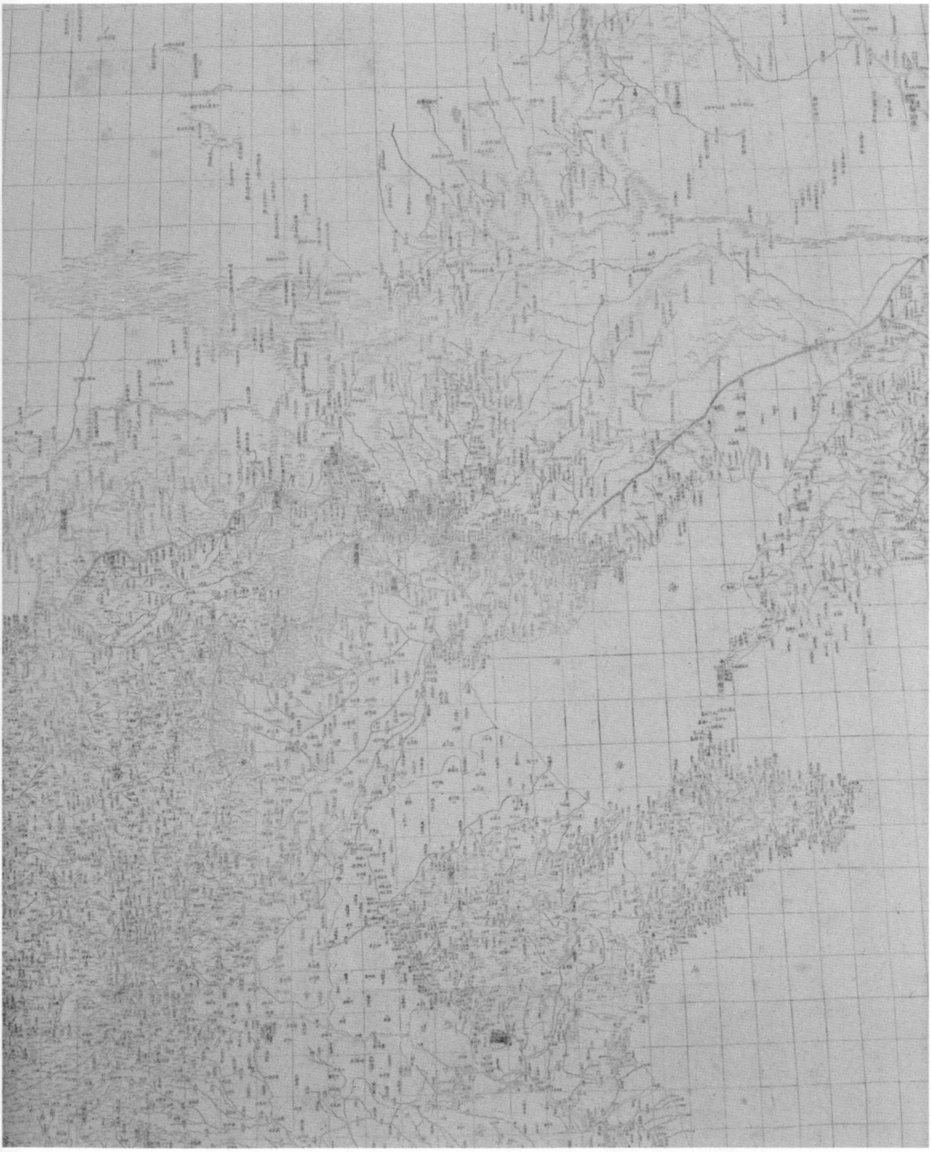

▲清代《皇輿全覽圖》（局部）

雍正帝的華夷一家觀點，對後世多民族國家的中國人認識民族問題頗有參考價值，我們不妨稍微細緻地從四個方面予以介紹。其一爲有德者爲王。雍正帝說：「惟有德者可爲天下君。此天下一家，萬物一體，自古迄今，萬世不易之常經，非尋常之類聚群分，鄉曲疆域之私衷淺見所可妄爲同異者也。《書（經）》曰：『皇天無親，惟德是輔。』蓋德足以君天下，則天錫佑以爲天下君。」（《大義覺迷錄》，下同）天下是天下人的天下，誰有德，誰就可以坐天下，而不是尋常所說的華夷之辨，夷狄不可以坐天下。他接著說：「上天厭棄內地無有德者，方眷命我外夷爲內地主。」你中原沒有德行高尚的人做主，我滿洲有德才在中國坐天下。他引經據典地論證仁德的政治標準，不論何種籍貫、民族都應當遵守，這種講法和政治標準易於得到漢人認同。

其二是將少數民族與華夏之別視爲籍貫的不同，而非漢人說的「非我族類」的人獸之別。雍正帝說：「本朝之爲滿洲，猶中國之有籍貫。舜爲東夷之人，文王爲西夷之人，曾何損於聖德乎！」是啊，中國上古的大聖人、至今被奉爲聖人圭臬的虞舜、周文王，不就是東夷、西戎麼！古往今來，人們並沒有把他們視作禽獸呀！他們和中原之人的區別，就像中原之人有籍貫之別一樣，僅僅是籍貫、類似籍貫的民族之不同。在哪一方居住的華夷都是中華一國之人，不應該區分彼此。我滿洲也是一種籍貫，怎麼不可以治理中國哩！

其三是批判「華夷之辨」。雍正帝認爲，強調華夷之辨，是分裂時期的各方互相醜化對方的現象，如晉、宋六朝時代，南朝人說北朝人是「索虜」，北朝人則說南朝人爲「島夷」。這種惟知相互攻擊，不懂得去修德行仁，統一國家，實在可悲。如此的敝俗之見，自應摒棄。而今天下一統、華夷一家，再講華夷之別，就是「逆天悖理，無父無君」的叛逆言論。

其四是進一步以清朝的遼闊版圖說明滿洲君臨天下是臣民的幸事。雍正帝說：「漢、唐、宋全盛之時，北狄、西戎世爲邊患，從未能臣服而有其地，是以有此疆彼界之分。自我朝入主中土，君臨天下，並蒙古極邊諸部落俱歸版圖，是中國之疆土開拓廣遠，乃中國臣民之大幸，何得尙有華夷中外之分論哉！」清朝疆域遼闊，確確實實遠邁宋明，這是無可辯駁的事實，所以雍正帝說話是有根據的。疆域廣闊，當時的有識之士是認同的，是慶幸的，是歌頌清朝的。

雍正帝的全部觀點，是反對華夷之別，主張華夷一家，也就是天下一家。用今天的話來講，就是主張民族國家的認同，滿洲統治有理，百姓應該慶幸。他的這種認同觀，逐漸爲後人接受，及至清朝退位，詔書講到優待滿洲皇族，還要顧恤蒙古、西藏，強調建立滿、漢、蒙、藏的國家。孫中山即以漢滿蒙回藏「五族共和」與之呼應，終於令「國家」與地域、疆域、人民、民族有機地結合在一起，形成多民族統一國家的觀念。當今學者亦頗爲肯定雍正帝的華夷一家之說，如莊吉發在《雍正事典》中說：「滿洲原來是地名，以居地而言，滿洲相當於籍貫。……從《大義覺迷錄》的頒行，可以了解雍正皇帝對調和滿漢思想以及破除種族成見的努力……清朝是天下一統、華夷一家時代，不應再存『此疆彼界』、『華夷中外』之見。雍正皇帝摒棄狹隘種族意識，調和滿漢歧見的努力，適應了多民族國家統一的歷史趨勢。」無疑，雍正帝的華夷一家觀念，有著重大的歷史意義和深遠的歷史影響。

▲受曾靜案牽連的浙江名士呂留良像

曾靜案的出奇處理，讓世人出乎意料地看到案件進程、結局的若干側面。像這樣全力詛咒皇帝的大案，慣例是秘密處理，最後無論公布或不公布結案的結論，都不會讓人知道攻擊皇帝的具體內容。因為，如果公布了這些言論，即便全部是誣蔑捏造之詞，也不利於皇帝的神聖形象。可是雍正帝與此相反，他非要讓世人都知道反對派是怎樣詛咒他的。雍正帝將他的有關上諭、曾靜的口供和曾靜在獄中寫的悔過書〈歸仁說〉，甚至曾靜羅列的雍正帝十大罪狀彙編成《大義覺迷錄》一書；對本應凌遲處死的曾靜、張熙從寬免罪，予以自新之路，令他們到各省、到家鄉湖南宣講《大義覺迷錄》，表示認罪、服罪並顯示皇帝的寬仁大德。雍正帝同時下令，將《大義覺迷錄》一書頒布天下各府州縣學宮，令生監與《聖諭廣訓》一起認眞閱讀。他不怕別人說他謀父逼母篡位，而且讓天下人都知道有此一說，展示了浩氣如虹、胸懷廣闊的明君形象。

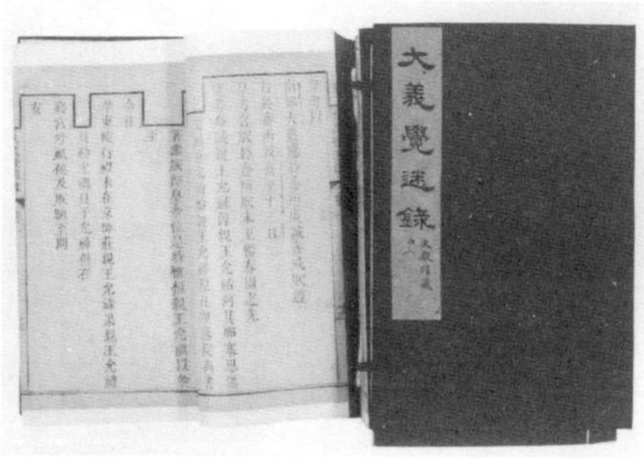

▲《大義覺迷錄》書影

有趣的是，嗣子乾隆帝繼位後，卻違背父親的意志，將《大義覺迷錄》列爲禁書，收回銷毀，不讓人知道別人是怎樣攻訐其父的。更有趣的是，乾隆朝也有人攻擊皇帝有「十大過」，其內容，當時人及後人僅知有南巡、殺大臣訥親兩條。父子二人，截然相反的態度，其中有對政治事件處理方式不同的因素，但是否還有政治膽識的因素，則是值得思考的事情了。曾靜案的處理，令人看到雍正帝的膽識非同尋常。

六、留養承祀：死刑犯裁決的新類型

清朝秋審，將死刑犯區分為情實、緩決、可矜、可疑、留養承祀五類，報請皇帝勾決。

前四類是前朝慣例，「留養承祀」一類是雍正朝增加的。（《清史稿》卷一四四〈刑法志三〉）存留養親法始見於北魏；明代亦有施行；雍正帝將它制度化，實施對象及方法均形成律例，作爲司法準則。存留養親法規定，凡犯死罪非常赦不原者，家有七十歲以上的高曾祖父母、父母，又沒有成丁的人能夠贍養他們，由地方官開具所犯罪名並應侍養緣由上奏皇帝，由皇帝決定存留與否，若存留養親，處刑枷號，罰給死者燒埋銀；同時應查明被害人有無父母，是否獨子，若死者係獨子，親老無人奉侍，則殺人犯不准留養，以示公平合理（《大清律例》卷四〈名例・犯罪存留養親〉）。存留承祀法是，若將犯人處死，這個家庭將成爲絕戶，則報請皇帝，可能免其死刑，減等發落，以免該家庭的香火滅絕。

雍正六年（一七二八）四月初七日，刑部轉奏奉天刑部侍郎武格奏報，旗人黑英戳死胞兄六十一，原因是六十一辱罵其父杜七，黑英氣憤，要求六十一向乃父賠罪，六十一反而追打黑英，黑英情急之下戳死兄長。杜七請求不要處死黑英，留下養親。不過，杜七有孫子白主住，已經十六歲。刑部意見，既有次丁，不必考慮存留養親之事。雍正帝認爲，如果武格所奏情節眞實，黑英之罪「似有可原之處」，但是杜七「若爲庇護幼子，曲爲開釋，希圖脫免，亦未可定」，因此令武格將眞實情形審查清楚再議；至於是否不合留養之例，俟查明實情再定。同年十月初十日，刑部再次奏明，武格已經審查清楚，杜七並無庇護幼子情節，刑部堅持原來的意見，認爲家有次丁，仍應斬立決。雍正帝卻說：「黑英之父既稱六十一平素忤逆，又混毆黑英，以致黑英情急戳傷殞命。黑英從寬免死，照例減等發落，准留養親。」他不考慮家有次丁的因素量刑，大約是憐憫黑英的孝行，看重他維護父親尊嚴的行爲。這完全符合

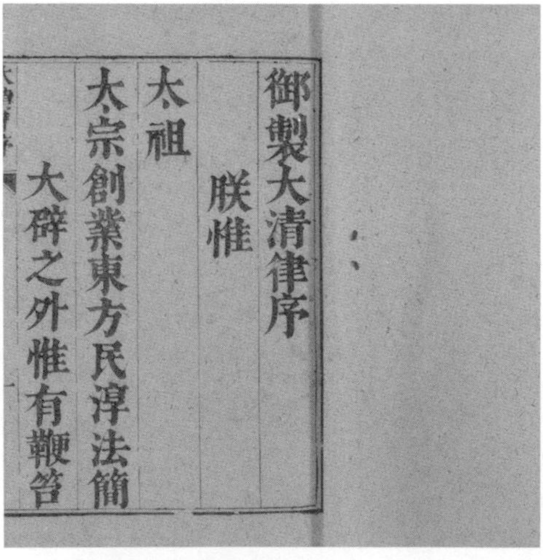

▲《御製大清律》（清刻本）

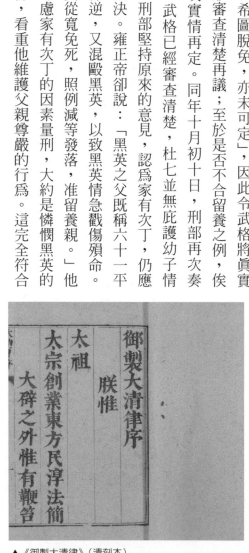

他一貫強調孝道的原則。

雍正六年（一七二八）七月二十二日，刑部轉奏河南山東總督田文鏡奏請，民人高祚勇打傷趙宇祿，並致其死亡，應擬絞監候。但高祚勇之父高鑑曉年已六十九歲，家無次丁，可否准其留養，請皇帝定奪。刑部認爲高鑑曉年齡六十九歲，不到七十歲，不合律例，不必留養。雍正帝則云：「高鑑曉上年六十九歲，今年已七十矣，高祚勇著從寬免死，減等發落，存留養親，照例追銀十兩，給付死者之家。」案件審判，需要時日，到判決之時，常常一兩年或更多年頭過去了，雍正帝說高鑑曉已到七十歲，是符合實際的，如此判斷合於情理。但是，如果這個案子不是他極力讚揚的田文鏡審理的，是否還會這樣通情達理，就很難說了。所以，依例辦事，也在人爲。

存留養親案中，被害人一方的利益也在雍正帝君臣的考慮之中。雍正六年（一七二八）八月十四日，刑部轉奏安徽巡撫魏廷珍奏疏，滁州民人賈榮生毆死無服族弟賈必富，應擬絞監候，但賈榮生之母徐氏年已七十六歲，所生二子，一子賈瑞生出繼叔父，現在只有一子，家無次丁，與留養之例相符。刑部審議，認爲賈必富的父母已故，無侍養之人，但他別無兄弟，又無妻子，他的死亡，造成家庭嗣絕；而徐氏有出繼子，可以贍養，因此賈榮生不能留養。雍正帝批准，賈榮生絞監候，秋後處決。徐氏有二子，出繼之子已經成爲他人子嗣，所以實際只有賈榮生一子，若再判處賈榮生死刑，在名分上等於無人贍養，應當存留賈榮生養親；而判處賈榮生死刑，乃因賈必富之死，使得他的家庭成爲絕戶，爲昭示公允，判處兇犯死刑。

存留承祀的律條，始行於雍正四年（一七二六）呂高戮死胞兄呂美案。雍正帝下旨：一家兄弟二人，弟毆兄致死，而父母尚存，家無次丁，則有存留養親之請；倘父母已故，則無請留養親之人，一死一抵，必致絕其宗禋祀，此處甚宜留意。呂高殺死其兄，其家中有無承祀之人，刑部察明具奏。隨後議定：若係一時爭角互毆，將胞兄致死，而父母已故，別無兄弟，又家無承祀之人，應令該地方官據實查明，取具鄰右、闔族、保長並地方官印甘各結，將該犯情罪疏內聲明奏請，如蒙聖恩准其承祀，將該犯免死，減等枷號三個月，責四十板，存留承祀。雍正十一年（一七三三）議准定例：夫毆妻致死，並無故殺別情者，果係父母已故，家無承祀之人，承審官將應行承祀緣由於疏內聲明請旨，如蒙聖恩俞允，將該犯枷號兩個月、責四十板，准其存留承祀（《清世宗實錄》卷四十四；《大清律例根源．名例五》）。

允許存留養親和存留承祀均係提倡孝道倫常的結果。雍正朝刑部大臣說訂立存留養親條例，「是矜恤罪人之親，以廣孝治也」（《大清律例根源．名例五．存留養親》）。這是可憐犯人的老疾、孤寡之親，使他們能夠得到子孫的贍養，以實現人倫，實現孝道。存留養親法還規定：罪犯若是遊蕩在外省犯案，或是忤逆被逐，均屬於忘親不孝之人，不得留養；犯有關倫理罪的，也不能留養。從不同的角度均體現出存留養親制度是孝道倫理的產物。存留承祀為延續家庭香火，既顧及活人，也顧及到死人，意義更為重大。雍正帝因前述賈榮生案中魏廷珍擬議留養，特加責備，並指出：「大臣執法，貴得其平，始無偏輕偏重之弊，克副明刑弼教之意。」留養承祀，不是寬大無邊，是在刑法實踐中加入孝道的考慮，強化人們的忠孝觀念，用刑法輔助教化那些頑劣之民，使之改過遷善。留養承祀法的創立，既照顧親情，又講求法理，展現了雍正帝君臣的行政智慧，值得稱述。

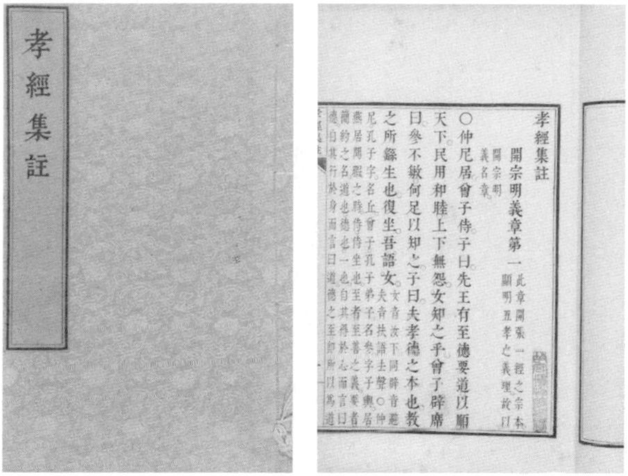

▲雍正帝注《孝經集注》（雍正內府刻本）

留養承祀法的實行就說到這裡，與之相關的孝親法，略作附帶說明。兒子為救父母而誤失殺人，法律歷來減刑處斷；雍正朝的案例，更加豐富了它的內容。雍正元年（一七二三）馬洪望救父殺人，雍正帝減等處刑，並降旨作為案例。可是，刑部沒有將諭旨全文抄錄，這樣，臣工在援例中就可能產生誤解，遂於雍正六年（一七二八）四月初四日下令將全文補齊。

民人黃仍十六議論族人購買王姓田業，王姓族人王國正將他打倒在地。黃仍十六之子黃本俚因而用鳥槍將王國正打傷致死，刑部擬議斬決。雍正帝謂，黃本俚因見父倒地，情急殺人，改為緩決。民人賴秀砌牆，許僉認為有礙自己祖墳的風水，強行拆毀，引起打鬥，並用鳥槍打死參與爭鬥的賴弼，刑部擬處斬刑。雍正帝說，許僉擅放鳥槍傷人，罪無可恕，但因為其祖墳風水，著改為絞決。呂高揭發兄長呂美私賣公共祭田，呂美強詞奪理，在爭吵中，呂高用槍頭戳傷呂美致其死亡，按律應處斬。雍正帝說，呂美將祭田私賣，實非善類。參議勾決的大學士張廷玉補充說，呂高不是有心殺人，雍正帝遂命由斬決改緩決。雍正帝的裁定本著維護親情、孝道的原則，如黃本俚、許僉之例；而呂高以弟殺兄，本應重判，可卻從輕發落，是為保護祭田，也是維護孝道。

七、兼顧法與情的朝審

留養承祀體現了親情法。其實，講求親情的精神貫徹於全部律例中，而親情只不過是人情的一部分。

雍正朝的司法，更是以天理作指導，全面講求合於天理，合於人情，故雍正帝在雍正六年（一七二八）九月二十九日上諭中說：「近日勾留各省罪犯，關係至重，必當揆諸天理人情，以求至當。」又說司法，「總期於法無枉縱，於理無偏私」，以求達到「海隅乂安，民氣和樂」的境地。

在雍正帝的觀念裡，刑法應兼顧天理與人情兩個方面。刑法是秉承天理制定的，執行之日，上天在監察，是以天理不可違背；人情準乎天理，親情之外，還有所有人認可的情理，統統應當顧及。雍正帝慎重刑罰，還在於他認識到人命關係重大，若有差錯，「則死者不可復生，斷者不可復續（指絕

▲清代衙門審案（西方人繪）

戶)」，刑法不當，「便是逆天，必獲譴責」，不可以不謹慎畏懼。下面，我們從他在雍正六年十月初三日勾留（決囚）河南省死囚犯的情形，觀察他的司法行政，以及死刑犯犯罪情節所反映的基層社會情況。

這一天，雍正帝至洞明堂。大學士馬齊、張廷玉、蔣廷錫等，在學士上行走的工部侍郎塞楞額、副都御史塞爾赫、學士德新等，刑部尚書德明、勵廷儀、侍郎海壽，將秋審河南省情實犯應勾決者六十九人請旨定奪。雍正帝對犯人的案卷一一審閱，閱到斬犯劉卿案卷時，見該犯劉卿和李二賭牌，由爭吵到毆打，致使李二受傷死亡。雍正帝說，劉卿係鬥毆，非故意殺人，定爲死罪緩決。閱至絞犯李漢昌卷，該犯因王欽等人賭博，在旁抽頭，乃至爭鬧，致死王欽。雍正帝亦以鬥毆，非故意殺人，著緩決。閱至斬犯李玉卷，犯人係與霍正、張明謀殺收購核桃的客商葛檠，雍正帝因霍正已然正法，張明令緩決。至於斬犯張四，與張二、郭二、柳麻子、孟二小均係乞丐，張二糾約眾人偷竊，張四等不從，張二聲言將來犯事，攀害他們。張四遂起意與郭二等將張二勒死。雍正帝以張四情有可恕，命緩決。斬犯王坤原爲捕役。鄭卓由楊易經說合，賣媳王氏，得銀五十五兩，後來銀子丟失，鄭卓以爲是楊易經偷竊的，告訴王坤，王坤將楊拷打致死。雍正帝因王坤是捕役，情有可原，命緩決。斬犯程中時，與魯大恩因房租口角，致死魯大恩之侄，雍正帝以非故殺，著緩決。斬犯軒八、軒四與汪培顯、汪馬兒土地相連，因挖土宣洩雨水，鬥毆中二軒

▲清代杖刑（西方人繪）

用看守瓜棚的七槍殺死二汪。雍正帝以二軒可惡，但軒四已監斃，命將軒八緩決。絞犯孫宗啓，欠薛文英賭錢，鬥毆致死薛文英，雍正帝以非故殺，緩決。斬犯劉二小強姦吳氏，吳氏不從，自縊身死。雍正帝將刑部所擬的斬決改爲絞決。此爲這一天第一個勾決犯，原因是吳氏雖係自殺，但劉二小絕不可寬容，若不處死刑立即執行，吳氏節烈之情未伸，是刑罰不公。斬犯徐五欲教武童習藝，丁之蒼嘲笑他武藝不精，徐五惱怒，致死對方。雍正帝改斬刑爲絞決。斬犯楊三兒向曹甫索討欠銀，棍打對方致死。雍正帝改爲絞刑，予以勾決。斬犯鄉約張東崗，因鄒來福攜幼子住宿空廟，懷疑他是拐逃犯，因而互毆，致死鄒來福。雍正帝因其爲鄉約，盤查中發生的事故，情有可原，改絞緩決。絞犯周保兒，因趙全壁欠劉浩之兄劉俊飯錢，劉浩將趙全壁髫鬚抓落，趙全壁約同周保兒毆打劉浩致死。雍正帝以非故殺，緩決。絞犯捕役齊禮、李春秀，因王世泰當鋪被劫，遂誣良爲盜，致使何常兒自戕，劉須兒、張二在監病故。雍正帝命緩決。斬犯楊世勳與張升平買田成仇，傷人致死，雍正帝改絞予勾。絞犯捕役利懷德，因李調元家被竊，誣賴董三、許大爲賊，許大因而自刎。雍正帝命緩決。斬犯王立，係侯克振僕人，主人病，爲之煎藥，並要求侯克振佃戶靳倫之父靳立志來主家鍘草、擔水，立志不從，引起鬥毆，誤傷靳立志致死。雍正帝命緩決。斬犯趙小借蘇杜錢二十文吃飯，蘇杜討要，趙小無錢歸還，吵罵打鬥，死人。雍正帝以他們年齡幼小，情有可矜，改絞緩決。斬犯趙才向欒世祿索討欠錢，反遭毆打，遂用刀致死對方，雍正帝改絞予勾。斬犯傅全與周鳳儀同爲縣衙戶房經承，平素不和，屢遭周鳳儀欺辱，乃用槍殺死他。雍正帝改絞予勾。斬犯王玉成因李蘭廷與其婦李氏通姦，殺死李蘭廷。雍正帝以殺姦，著緩決。斬犯張志坤與張二小、賈三猜錢賭博，引發鬥毆，致張二小死。雍正帝謂非故殺，命緩決。斬犯邵琳，繼妻過門時本來說好要養活前夫之子二管兒、三管兒，後來邵琳後悔，謀殺了二管兒。雍正帝命改絞予勾。斬犯孟百良與蔣仲簡口角，引起兩家打鬥，孟百良爲護父，殺死蔣仲簡之弟仲芳。雍正帝以非故殺，著緩決。斬犯劉洛松強姦李興之妻沈氏，沈氏不從，自縊身死，雍正帝命改絞予勾。絞犯高聚、李三幫助鄒四毒害鄉里，又幫助鄒四強姦司月昌之妻齊氏。雍正帝因鄒四已被正法，命將高聚、李三緩決。斬犯王德佩謀姦張文斗妻王氏，未遂，反而辱罵王氏，王氏抱恨自縊身亡。雍正帝著改絞予勾。斬犯巡捕劉興知道陳善甫購買船戶私鹽一百餘斤，遂往訛詐，不得逞，打死陳善甫。雍正帝命改絞予勾。此外，斬犯尹喜、寇三等二十七

▲斬決

人，絞犯王明、張廣運等十二人，皆係罪重惡極之人，雍正帝與群臣研究後，予以勾決。

雍正帝進行勾決的地方，名曰「洞明堂」，意即能夠洞察一切世情，撥開迷霧，俱見眞情實況。皇帝與臣工在這裡處理重大案件，一定能體現出皇帝的英明睿智，既愛惜民命，又剷除兇惡，爲民除害，伸張正氣，伸張天理民願。這些案件的裁決，反映出雍正帝愼重民命。在他登基的前六年，曾四度停止秋審勾決。雍正六年（一七二八），是他第二次進行勾決；在勾決過程中，亦持謹愼態度，起居注官說是「皇上必詳加研勘，咨度再三，始著

予勾」。雍正帝自云：「今日勾到，頗費詳察。然人命重大，朕往復詳究，絲毫不敢怠忽。」

勾留中，帝王裁決與朝臣意見的不同，也反映出司法中君主專制的特點。朝臣的處刑建議，有的是斬決，雍正帝改爲絞決，或緩決，處刑上從斬刑改爲絞刑是減等，立決改爲緩決，就有遇赦的機會。可見朝臣的量刑略微偏重，由皇帝加以改正，這可能是朝臣故意爲之，好讓皇帝表現出他的仁慈和聖明。雍正帝的勾決，對在政府工作的人員，最基層的捕役、鄉約、書辦多少有點寬大，以情有可原之名，改斬刑爲絞刑，或緩決。這些人並非官吏，但畢竟是爲官府服役，這就是憐惜的原因。雍正帝勾決特別講究義理，對拒

▲清代站籠

姦自殺的婦女隱含表彰之意，嚴懲強姦犯，以實現他的明刑弼教。

從案例當中，不難看出，案件兩造是鄉民，而且大多數是一般的農民。用今日的概念，大約是自耕農居多，然而還有不少乞丐、僕人、佃戶。命案的起因，主要是賭博、盜竊、債務、強姦。筆者從雍正帝隨後對山西、山東省死囚的勾決記載中得知，命案緣由大多也是這樣，惟多了妖言惑眾犯和詐騙犯。案件起因，反映出民間爲數不少的人經濟困窘，精神空虛，百無聊賴，因而不自覺地陷入犯罪境地。這是社會問題。在改革稅收、澄清吏治方面，雍正帝採取的措施雖對民生有益，但遠遠不能改變百姓艱難的生活狀況。這是那個時代社會制度和生產力水平所決定的，雍正帝無法改變，任何人也不能令之改觀。因此，犯罪現象不要說消除，就連減少也不可能。

八、《聖諭廣訓》與民間社會的情況

雍正帝撰寫《聖諭廣訓》並在民間進行宣講，是他繼承了順康兩朝實行的對民間教化的政策，不過他做得更加細緻、嚴格。

這種宣講是意識形態層面的。此外，雍正帝還有具體而實在的教化措施，如為民間設立忠孝節義祠，恢復社倉，創立族正制，大力推行保甲制，獎勵拾金不昧，賞賜老民。如雍正四年（一七二六），雍正帝賞賜各行省七十歲以上老民老婦，共計一百四十二萬一千六百二十五名，賞給絹布等件，價值白銀共計八十九萬餘兩，米十六萬五千餘石。所有領賞的老人皆係民人，仕宦、紳士、商賈、僧道中的老人皆不在此列。雍正帝說，有這麼多高壽之人，是聖祖教養的結果，而這些人自身，「大抵皆居心忠厚，力行善事之人」，所以百姓需要勤儉行善，才能夠長壽，才能夠獲得國家的賞賜，也即獲取福氣。因此，要讓百姓從國家的賞賜中獲得教益。可見，雍正帝賞賜民間，目的在於宣教。他的主觀願望如此，民間狀況如何呢？從死刑犯勾決中，業已有所透露。在本節中，將說明在京師和地方宣講《聖諭廣訓》的某些側面情況。

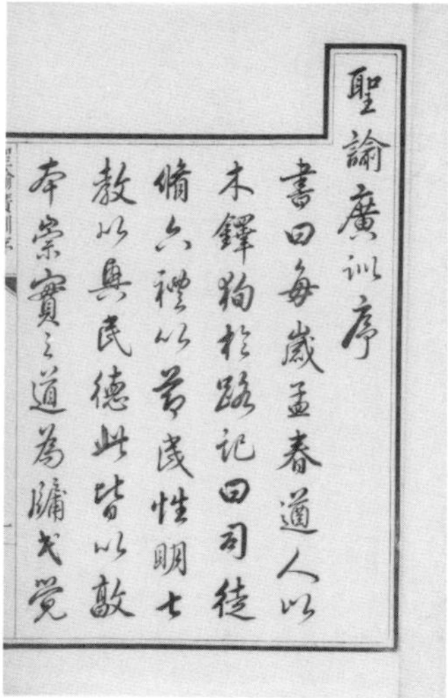

▲《聖諭廣訓》之雍正帝序言

1.宣講《聖諭廣訓》

順治九年（一六五二），順治帝頒行「六諭」於八旗、直隸各省。康熙帝於康熙九年（一六七〇）十月初九日，諭令禮部發布「聖諭十六條」，說明向民間施行教化的必要與作用。十六條是「敦孝弟以重人倫，篤宗族以昭雍睦，和鄉黨以息爭訟，重農桑以足衣食，尚節儉以惜財用，隆學校以端士習，黜異端以崇正學，講法律以儆愚頑，明禮讓以厚風俗，務本業以定民志，訓子弟以禁非爲，息誣告以全良善，誡窩逃以免株連，完錢糧以省催科，聯保甲以弭盜賊，解讎忿以重身命」。

▲《聖諭廣訓》（雍正三年內府刻本）

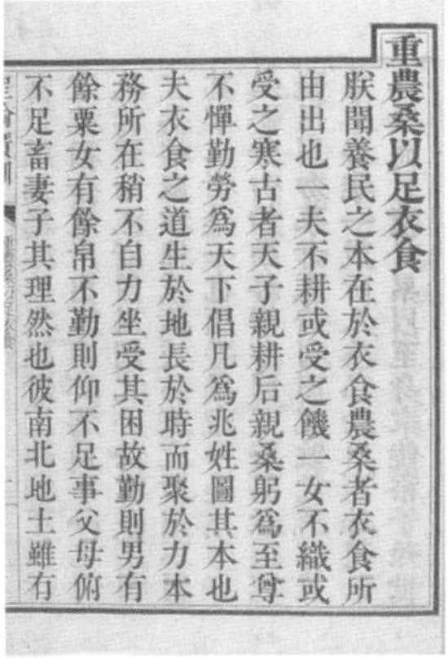
重農桑以足衣食
朕聞養民之本在於衣食農桑者衣食所由出也一夫不耕或受之饑一女不織或受之寒古者天子親耕后親桑躬爲至尊不憚勤勞爲天下倡凡爲兆姓圖其本也夫衣食之道生於地長於時而聚於力本務所在稍不自力坐受其困故勤則男有餘粟女有餘帛不勤則仰不足事父母俯不足畜妻子其理然也彼南北地土雖有

▲《聖諭廣訓》

雍正二年（一七二四）二月，雍正帝因爲「聖諭十六條」頒行已久，擔心民間怠忽，爲了警醒告誡，於是將十六條改寫成通俗易懂的萬言書，定名《聖諭廣訓》，御製序文，刊刻成編，頒發給直省督撫學政，轉敕該地方文武教職衙門，曉諭軍民生童人等，通行講讀（《清世宗實錄》卷十六）。宣講於每月朔望舉行，在府州縣城，地方官和紳衿集會於明倫堂，主講者在鼓聲中登講臺，宣讀《聖諭廣訓》條文。在鄉村，由鄉約的助手值月宣讀，約正用通俗的語言解說，聽眾有不明白的地方可以提問。講解完畢，進行善、惡二冊的登記。每月兩次宣讀，《聖諭廣訓》十六次講解完畢，只需用八個月的時間。而雍正帝要求成年累月地進行，勢必講解內容重複，引起官員、百姓的厭煩，於是應付了事，流於形式。

雍正六年八月初一日，在左翼宗室學內，按例舉行閒散宗室成員宣讀《聖諭廣訓》的儀式。正藍旗奉恩將軍化賓跑到別的房間，沒有跪聽。次日，御史塞爾赫即行參劾，雍正帝本要對化賓治罪，但考慮到他是宗室成員岳樂的後人，而此支子孫俱已犯罪，若再懲治化賓，則此支無人繼承，遂加以教導，未給處分。同時令都察院給塞爾赫議敘，以表彰其剛直可嘉的盡職態度。這說明，雍正帝對宣講制度的推行不懈。

「聖諭十六條」的內容豐富，正如《清世宗實錄》所說，「自綱常名教之際，以至耕桑作息之間，本末精粗，公私巨細，各舉要領，垂訓萬世」（《清世宗實錄》）。雍正帝繼順治帝、康熙帝之後，大力宣講十六條，為百姓「共勉為謹身節用之庶人，盡除浮薄囂凌之陋習」，即給百姓立下全面的做人準則：在家庭和宗族，應孝親、睦族；在社會，和睦鄰里，不結交匪類，不窩藏盜匪，不興訟以保身家性命；為人務本業，重農桑，崇尚節儉，按時完納賦稅，不做違法之事；士子端正學風，排黜異端；讓整個社會形成禮讓風氣。其中心內容是讓百姓在家庭做孝子順孫，在國家移孝作忠，成為良民。雍正帝宣講《聖諭廣訓》，是推行清朝的以孝治天下的國策，只是他比其祖、其父執行得更認真，更花大力氣。

2.雍正五、六年京師的民間社會

雍正五、六年，雍正帝在新政初見成效之後，繼續推行他的社會政策。我們且看他在首善之區京師所實行的政策和民間的情況。

驅逐「遊民」。雍正五年（一七二七）三月二十六日，雍正帝就京城流動人口和治理辦法發出上諭。他說京師遊民產生了許多社會問題，有的呼朋引伴，詐詐錢財；有的揑造浮言，煽惑眾聽；有的打探訊息，囑託衙門；有的開設賭局，誘人爲非。對於種種違法犯罪行爲，雍正帝當然不能容忍，他要整治，首先進行了清查，從居停場所著手，即查客店、寺廟、房屋租賃人及親友。查清之後，將這些人區分爲兩類，符合條件者允許留住，無正當理由者驅逐出京。凡候選候補之人，讀書應試、處館、作幕之士，買賣人、工匠、醫卜、藝人、小販，聽其在京居住；無恆業者，立即驅逐，如有非法容留者，事發連坐治罪。此事的執行者爲步軍統領、巡城御史和順天府，並令

▲北京國子監辟雍

九卿參與議論具體條例。在雍正帝的意識裡，「京師爲輦轂重地，理宜肅清」，於是堵死了到都城尋覓生路的窮人的出路。

雍正帝的指令，有關衙門立即執行。閏三月，雍正帝得到步軍統領阿齊圖奏報，有遊方僧道，裝扮成神仙，做法會，聚集多人。雍正帝把他們看作「揑造謠言，誆騙愚民」的歹徒，下令拿究治罪，遞解回籍，交由地方官嚴加管理，不許出境；爲讓地方官認眞負責，還要求他們每年彙報被管制的僧道的情形。由此可知雍正帝的管制辦法嚴密而嚴厲。

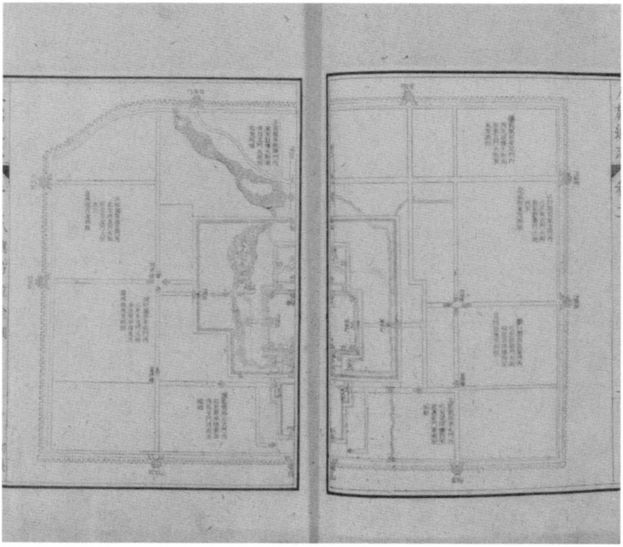
▲清《八旗通志》之「京城八旗駐防圖」

五月二十一日，在刑部彙題的一個案件中，涉及世子弘昇家放出的太監任禮等五人。雍正帝指示，從前內務府放出爲民之太監，除効力年久、本管本主保留外，不許仍留京師。從任禮等人可知，他們未被發回原籍，在京生事，而主管衙門並未查拿，因此指令內務府、步軍統領、巡視五城御史查拿非法留住太監。雍正帝也知道太監有後臺，查拿不易，故下令，主管不力者要交部議處；放出太監生事，其擔保主人也要被議處。

這裡將在京居停的　則謠諺附帶一敘。禮科給事中陳沂震爲人貪婪吝嗇，凡有親友求助，則云「將來密雲城下，永定河邊，不知誰爲親友」，予以拒絕。這個諺語是說，外鄉人在京城做官，有官做時固然不錯，一旦丟官，京城待不住了，流落在附近的密雲縣、永定河邊，那時誰來管我！人情不過如此，你們也不必指望我什麼。這種話不是針對京師講的，但亦表明這裡不是外鄉人久戀之地。陳沂震後來被免職了。雍正五年（一七二七）閏三月十七日，雍正帝就以他這種話作話茬，並及他的貪

▲徐揚《京師生春詩意圖》描繪的清代北京前門外商業區

污，令其出銀一、二十萬兩修治江南水利；並說密雲城下、永定河邊之語，「向來實有，此言甚屬悖謬」，但如陳沂震這種人，「從前之密雲城下、永定河邊，豈可得哉！」是啊，「密雲城下、永定河邊」，易得與不易得，均可知外籍京官亦有其難處。

爲了整頓京師社會秩序，雍正帝還干預物價，主要是爲弓箭定價。雍正五年（一七二七）閏三月十七日，雍正帝說近來京師箭矢價格昂貴，兵丁購買維艱，操演受到影響，因命兵部會同步軍統領、五城御史酌定價格，曉諭鋪戶遵行，不許抬高定價，違者治罪。這大約是兵器行業由官方定價，因此可以管制；而民生行業就難於實行了。

京城收銅。由於鑄造貨幣所需的原料銅不足，雍正帝於雍正四年（一七二六）下令，民間不許使用銅製器皿，已有的應交售官府，用於鑄造貨幣。爲推行這一政令，他在各地指令官員派專人，在指定地點收購。御史高維新爲在京師增設網點，雍正五年五月上疏奏請五城增設收購銅廠，戶部不贊成，雍正帝雖然也沒有批准，但指示，在收購中官吏不得壓低等級和斤兩，免得戶家受損失而不願交售。若有此種情形，各城御史參奏。在銅產量不足的情況下，爲了保證錢幣中銅鉛比例合適，不致出現鑄幣中鉛多銅少、無法流通的局面，收銅器是不得已的下策。

懲治賭博犯。前述強制放出太監離京，是由拜三開設賭場案引出的。此案不知如何了結，總之，雍正帝的態度是嚴禁賭博，懲治犯罪。雍正六年（一七二八）六月初一日，刑

▲北京孔廟大成殿內的雍正帝手書「生民未有」匾額

部奏報莊親王允祿審理的製造賭具的十三個案子，其中骰子是在京城製造，販賣到外地的。雍正帝就此指示，以後有賭博者，務必將造賣之人查明治罪。他禁賭，把懲治重點放在製造賭具人方面，也是一種抓根源、能有所見效的方法。

對京師居民生活細節的限制。《雍正朝起居注冊》雍正六年（一七二八）六月初一日記載：「步軍統領阿齊圖奏諭旨：『今年天氣炎熱，不必俟秋暑之時，凡臨街居住人等，晚間若有開窗夜坐乘涼者，許其乘涼至二三更，不必攔阻。今日即行傳諭。』」此旨令後世之人知曉，原來京城平民房屋狹窄；而臨街居住者，一般日子不得半夜三更開窗在家中活動，必須緊閉門窗，否則會有步軍統領衙門的番役或其他差役前來干涉。只有到了大熱天，在特許的日子，才可以開窗乘涼到二三更天。雍正帝下此旨令，表示對平民的關懷，而且要求當天傳達下去，有愛民如子的味道。

不過，卻令我們得知京師平民、貧民的日子不好過，連在家中乘涼都要受到官府的控制，夏天的酷暑眞不好熬過呀！官府如此管制，大約是爲了防範盜竊事件發生，是治安管制的需要。

修治京城街道。雍正五年（一七二七），京城全面整修道路。雍正六年九月十六日步軍統領奏請，京城內外大街道，經過一年，刨挖平整完畢；但偏僻小巷需要修治。雍正帝允准，說京城內外地方大，一年之內實在不能完工，可以延續一年，巡查人員亦繼續工作，不許擾害民人。

冬春季節的京師粥廠。按照慣例，到了冬季，五城開設粥廠供給貧民飯食（稀粥）。雍正六年（一七二八）九月二十二日，戶部奏請，京城煮粥賑濟貧民，照定例自十月初一日起，至次年三月二十日止，由五城官員操辦，每城每日發米二石、柴薪銀一兩。雍正帝批准，並令煮賑米銀由五城御史親自散給，務使貧民得到實惠，不能讓胥役侵蝕中飽，都察院堂官亦應不時察看。筆者合算了一下，京師粥廠開辦將近半年時間，用米約三百四十石，用銀一百七十兩，爲數實在微乎其微。開粥廠是善政，讓飢寒交迫的人能夠領到粥喝，値得稱道。不過它是「小惠未遍」，用今天的話來說，有點做秀的意味。

京師是特別行政區，除順天府管理之外，步軍統領要管，五城御史也要管。在各項事務之中，維護治安是頭等大事。雍正帝最爲關注的也是此事。穩定社會秩序，是任何統治者必然關注的事情。不過，雍正帝比其他皇帝投注了更多的精力。

3.雍正五、六年的地方民間社會

忠孝節義祠的設立。對有特殊表現的大臣，歷朝均有表彰辦法，最高級是配享太廟、文廟，或設立個人的專祠。雍正帝爲鼓勵官員盡忠，特設賢良祠，奉祀良臣，把一批官員的牌位擺放其中。除此之外，他爲「彰善闡幽」，命令在地方建造忠孝節義祠，使得平民、士紳中的孝子順孫節婦烈女得到奉祀和表彰。但是，在建造忠孝節義祠時，出現了地方官侵吞官銀的情況。雍正五年（一七二七）閏三月，山東巡撫塞楞額報告各屬建祠，蓋造堅固，沒有浮冒銀兩。雍正帝令禮部察核具奏，並說：建立忠孝節義祠宇，是爲了表揚德行，地方官本應有獎善慕義之公心，即使捐輸己資，亦當踴躍進行。朕今動用國帑建祠，而承辦官員竟然忍心冒銷錢糧，草率從事，以致祠堂易於傾圮，令各省查報。以後祠堂的維修，作爲地方官的份內之事，自行出資修繕。朝廷動用錢糧，

▲北京賢良祠

官吏反而侵貪，這樣不能使祠宇經久保持。

旌表百歲老人。這是固有制度。我們可以從一件事例，看出雍正帝的精細認眞。雍正六年（一七二八）四月，山東巡撫塞楞額因商河縣民張煥之妻李氏一百零四歲，請旨旌表。雍正帝令禮部詢問塞楞額，爲什麼不在李氏一百歲時提請？七月，塞楞額回奏，李氏百歲時，恰値其夫病故，服孝期間，沒有呈報申請，故而拖延。雍正帝遂大加讚揚，說她因服制未滿，不忍舉行百歲慶禮，深明大義，期頤淑範，均屬可嘉，因而格外加恩，賞賜內府緞二端、貂皮四張、人參二斤。對李氏來說，這是意想不到的榮耀。然而，百歲民婦懂得遵守喪禮，雍正帝表彰的正是她的知禮。

查拿妖言、謠言造作者。我們前面曾提到過海寧屠城、點綉女賜西洋人的傳言。其實，各種謠言時有發生。雍正五年（一七二七）八月，步軍統領阿齊圖奏報劉老兒、高有成妄造訛言，煽惑人心。雍正帝命分別處刑：斬監候秋後處決、發配黑龍江給披甲人爲奴。雍正六年四月二十九日，雍正帝特地爲防治妖言發布上諭說，妖言爲法令所嚴禁，而陝西人習俗相沿，每每喜歡造作妖妄怪誕之言，互相蠱惑，甚至傳授符術，召集匪類，爲人心風俗之大害，不可不正其惑、清其源。地方文武官員均應不時查察，若有發現，嚴懲不貸。在訊息不透明的社會，傳言是必然現象，不過有多少之別。雍正朝多有出現，是因爲關於繼位一事的傳言本來就很多，另外也與雍正帝實行嚴猛政策有關——被懲治的人多

▲清代節孝牌坊

了，各種傳言就相繼而生。

禁止民間有組織地習武。練習拳棒，在北方、中原是民間習俗。雍正帝認為，教習武術的武師是遊手好閒、不務本業之人，應予以禁止。特於雍正五年（一七二七）十一月二十八日發布上諭，以後仍敢自號教師教人演練拳棒，以及投師之人，即行拿究；並批駁習武防盜之說，謂眾人都知遵守法紀，就不用防身了。這種說辭毫無說服力。在皖北、河南、山東、山西、陝西、直隸，有一種名為「卦子」的習武兼雜耍群體，周遊各地，賣藝為生。在康熙五十年代，他們遭到禁止。雍正年間，他們仍然活動在各地。有一次，陝西地方官捉拿盜竊犯時，突然出現卦子數十人持械拒捕，致使盜賊脫逃。雍正六年九月二十八日，雍正帝就此案件頒布諭旨，令地方官悉心稽查，將卦子拿解原籍，編入保甲，嚴行管制。

嚴禁私鹽。食鹽係官賣品，因而必然會出現走私現象。山東鄒平縣把總曲成貴緝拿私鹽五車，鄒平縣令關佶的家人和親戚竟敢攔截，妄圖據爲己有。雍正六年（一七二八）五月二十五日，雍正帝以山東巡撫竟然沒有將此事報告爲由，設置河東總督，由田文鏡出任，兼管山東事務。

民間互助會。民間有一種湊分子的互助會。入會者出錢，借給急需使用者，限時歸還，不收利息。浙江餘姚民婦陸氏，借用陸靖周團組的收布會銀一兩二錢，至期不還。陸靖周遂強行取走陸氏棉紗三軸，致使陸氏胞兄陸永與陸靖周鬥毆死人。這種民間的互利組織，規模很小，很常見，存在時間不一定很長，只

▲清人《清明上河圖》局部

要不出現事端，官府一般不予干涉。

雍正朝直接關乎民間的政策還有一些，如興辦社倉，釋放樂戶、墮民、世僕、伴當、蜑戶等賤民，建設育嬰堂等，不一一具述。各項政策的執行，在人治的傳統社會中，就看官吏的作爲了。即使在雍正帝大力整飭吏治的情況下，違法官員也時有出現。如賞賜老民，官吏就浮報人數來冒領；浙江錢塘知縣楊夢琰將專款挪用；安徽太湖知縣冒開老婦名數達兩千餘人之多。雍正朝的吏治比其他時期要好一些，但弊端是不可能清除的。這是人治社會無法解決的問題。

九、「異端」新解

雍正五年（一七二七）四月初八日，係佛誕日，恰恰又值葡萄牙使臣麥德樂到京上表稱賀。

雍正帝遂發出長篇上諭，發表對各種宗教的見解，中心意思是各種宗教都有正道與異

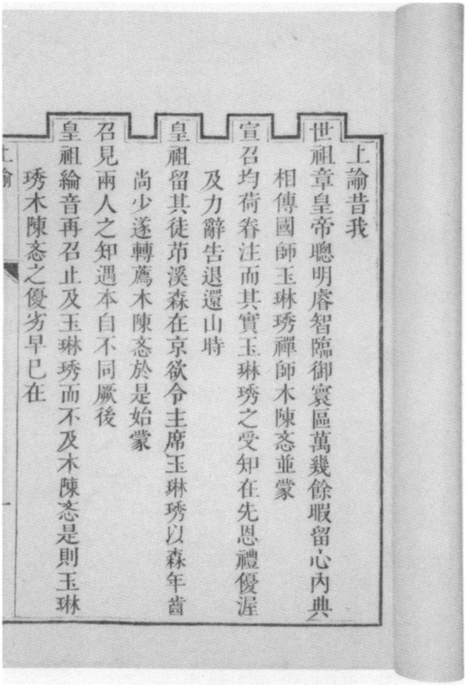

上諭昔我
世祖章皇帝聰明睿智臨御寰區萬幾餘暇留心內典
相傳國師玉琳琇禪師木陳忞並蒙
宣召均荷眷注而其實玉琳琇之受知在先恩禮優渥
及力辭告退還山時
皇祖留其徒茆溪森在京欲令主席玉琳琇以森年齒
尚少遂轉薦木陳忞於是始蒙
召見兩人之知遇本自不同厥後
皇祖綸音再召止及玉琳琇而不及木陳忞是則玉琳
琇木陳忞之優劣早已在

▲雍正帝「上諭」中對儒釋道三教的評價

端兩種成分，各有長短；只要善於對待，就可以幫助聖帝賢王建設太和世界。這也是讓臣工明白他的宗教政策的理論根據。

雍正帝首先指出，世俗所指斥的異端不準確，不能籠統地將佛教、道教、天主教視爲異端。上諭說：「向來僧道家極口詆毀西洋教，而西洋人又極詆佛老之非，彼此互相訕謗，指爲異端，此等識見皆以同乎己者爲正道，而以異乎己者爲異端，非聖人所謂異端也。孔子曰『攻乎異端，斯害也已』。豈謂儒教之外皆異端乎？」在傳統社會中，「異端」指的是，在以儒家學說爲正宗、正統語境的情況下，背於正道之說。如民間宗教的教旨就被指爲邪說；不同教派，互相指斥對方爲異端。雍正帝說的佛、道、天主教互斥爲異端，情況確係如此。他考慮到有人會以孔子說的「攻乎異端，斯害也已」的語錄不贊成他的話，故而說孔子的意思不是儒教之外的學派都是異端。孔子的話，是讓人不要致力於異端之學，如果那樣，爲害非淺。誠如雍正帝所言，孔子並不是說其他所有的學問都是異端。雍正帝闡明對孔子語錄的理解，以解除臣工接受他的觀點的顧慮。

接著，雍正帝講解何謂異端及如何區分各種宗教的正道與異端。什麼是異端？他說：「凡中國外國所設之教，用之不以其正而為世道人心之害者皆異端也。」宗教本身不是異端，而利用它的人不走正道，做有害人心的事，因而產生異端。於是，他進而分析各種宗教的正道與異端。

以天主教而言，「西洋人崇尚天主，夫天以陰陽五行化生萬物，故曰萬物本乎天，此即主宰也。自古以來有不知敬天之人乎？有不敬天之教乎？如西洋教之敬天有何異乎？若云天轉世化人身以救度世人，似此荒誕之詞，乃借天之名蠱惑狂愚，率從其教耳，此則西洋之異端也。朕意西洋立教之初，其人為本國所敬信，或者尊之如天，倘謂立教之人，居然自稱為天主，此理之所無者也。」雍正帝以對敬天的認知去理

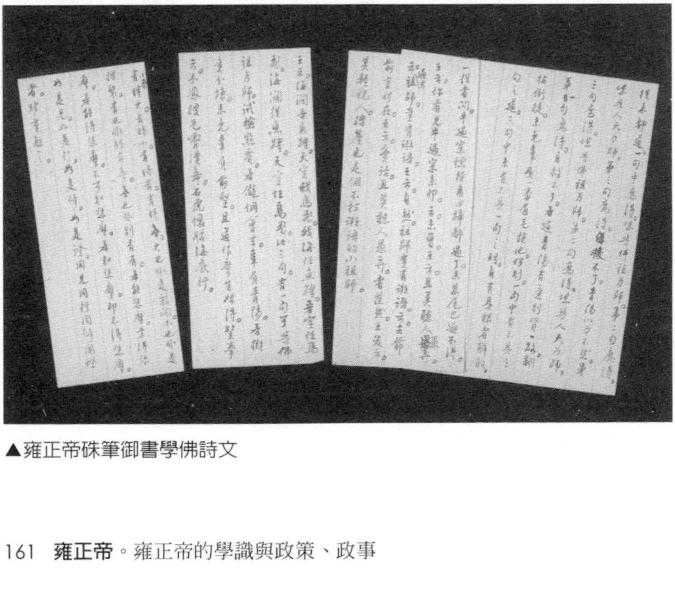

▲雍正帝硃筆御書學佛詩文

端。

解天主教教義，認爲天主教徒也敬天，此爲其正道；至於轉世救人之說，則爲其中的異端。

佛教也是這樣，講究「清靜無爲爲本，以明心見性爲功，所以自修自全之道」的爲正道；「昧君臣之義，忘父子之親，棄置倫常，同歸寂滅，更有妄談禍福，煽惑凡庸，藉口空門，潛藏奸宄，此則佛教之異端也」。

儒學中的正道是「守先王之道，讀聖賢之書，凡厥庶民，奉爲坊表」；「倘或以詩書爲弋取功名之具，視科目爲廣通聲氣之途，又或逞其流言邪說以動人之聽聞，工爲豔詞淫曲，以蕩人之心志，此則儒中之異端也」。醫家給人治病，是正道；庸醫借醫病爲名而傷人，是異端。在一種宗教、學派內部，雍正帝用是非、正邪觀念加以區分。宗教本身並非異端，只是在它的內部被人歪曲利用而出現異端。是非、正邪之分，成爲他的方法論。

宗教本身無異端的觀點，令雍正帝進一步說明各種宗教的共同性，即創教者是不平凡的人，而其末學曲解其意，走入異端：「凡中外設教之意，未有不以忠君、孝親、獎善懲惡、戒淫戒殺、明己性、端人品爲本務者，其初創設之人，自然非尋常凡夫俗子，必有可取，方能令人久久奉行也。至末學後人，敷衍支離，而生種種無禮悖謬之說，遂成異端矣，與其教有何涉乎？」雍正帝肯定創教者的教忠、教孝、教善、去惡的本意，是要弘揚其正道、摒棄其異端。

具體到對天主教、佛教的方針，雍正帝說：「中國有中國之教，西洋有西洋之教，彼西洋之教不必行於中國，亦如中國之教豈能行於西洋？」「西洋人精於曆法，國家用之。」很明確，他不許西洋人在中國傳教。朝廷任用西洋人，僅僅是爲制定曆法。至於「蒙古之人尊信佛教，惟言是從，故欲約束蒙古，則喇嘛之教亦不可棄。而不知者輒妄生疑議，乃淺近狹小之見也」。因爲朝臣中有人非議他篤信佛教，所以他乘機說明利用喇嘛教的必要性，不應以淺見陋識妄生議論。

既然分清了各種宗教的正道與異端，對它們就不可一概否定，或一概肯定了。是以，雍正帝要求各種宗教之人，彼此取長補短，停止攻訐，相安共處，共同建設陰陽和合的太和美滿社會，故云：「人之品類不齊，習尚亦不一，不能強之使異，亦不能強之使同，且各有所長，各有所短，惟存其長而棄其短，知其短而不昧其所長，則彼此可以相安，人人得遂其用，方得聖帝賢王明通公溥之道，而成太和之宇宙矣。」

雍正帝的這種宗教觀，具有包容精神，承認了宗教存在的合理性、合法性。他甚至接納了被當時主流社會視爲異端的天主教和被儒家多所非議的喇嘛教，這是開明之舉。作爲帝王，對天主教從其道義上有這樣的寬容理解是難能可貴的。他從喇嘛教與蒙古人的關係，說明他包容的原因，這是讓人理解他對喇嘛教的態度，是讓別人體諒（「包容」）他了。

雍正帝講論宗教的共性，是從中國的固有觀念出發，來認識的。那就是講求教忠教孝教善去惡。教人爲善，是符合各種宗教教義的。雍正帝講共性，目的是弘揚正道，反對異端邪說，建設太和社會。

雍正帝認可天主教在西洋的存在，與不許天主教在中國傳教，並不矛盾。因爲他要維護中華固有的觀念（意識形態），反對民人信仰天主教。貝勒蘇弩之子吳爾陳、蘇爾金、庫爾陳信仰天主教被治罪。此事被當時的西方傳教士視爲迫害天主教的著名事例，後世中國學人也接受了這一觀點。其實，這幾個人被治罪，信仰天主教並不是主要原因。作爲皇族支系的蘇弩家族，歷來與清太宗一支存有芥蒂。康熙帝就譴責過蘇弩；蘇弩後來又與允禩結好，雍正帝因而給予沉重打

▲胤禛行樂圖・乘槎升仙

擊。這就是記載所說：「諸王大臣等會議蘇努之子吳爾陳，原與阿其那（允禩）等結黨亂政，復私入西洋邪教。」其信教，是「背祖宗，違朝廷」，「遺棄滿洲正道」。可見，懲治的原因，主要是結黨，其次才是信教。

至於雍正帝對天主教的產生、教義的理解自然很難準確，但這不是此處要討論的。

十、君臣同樂的重陽節賦詩會

雍正四年（一七二六）重陽節這一天，雍正帝君臣聚會，共賦柏梁體詩。

這種詩體，創始於漢武帝，由大臣能詩者聯句，每人一句，句皆用韻。朝廷舉行賦柏梁體詩盛會，並不常見。康熙朝僅在康熙二十一年（一六八二）舉行過一次，至此已有四十餘年，由雍正帝來賡續。

雍正四年（一七二六）九月初九重陽日，雍正帝在乾清宮西暖閣，召集皇子、諸王、大學士、九卿、各衙門堂官、翰林、科、道等官，以及武大臣中會賦詩者，計有九十四

▲乾清宮內景

人，共賦柏梁體詩。由雍正帝限定八庚韻，硃書黃籤，分給眾人各一字。本來大臣在皇帝面前奏事，是躬身下跪姿勢。這次是詩會、宴會，特給參與者桌几賜坐，備有筆墨和酒肴，內侍傳諭：「今日賦詩式燕，用昭君臣一體之誼，諸臣毋得過拘禮節，能飲者不必限以三爵。」諸臣聆諭，方共持杯、染翰，醞釀腹稿。雍正帝首先作成，命大學士張廷玉捧示諸臣，諸臣歡呼皇帝詩句「涵蓋萬有，義蘊精深」，然後次第寫就進呈。雍正帝親自寫出序文，親灑宸翰，宣示諸臣，眾人又是一番雀躍讚頌。皇子、諸王、大學士、尚書、都統來到雍正帝面前進酒上壽，雍正帝親自給他們賜酒，並命皇子、諸王分別給尚書、都統以下官員賜酒。飲畢，諸臣退至乾清門外等候，少頃再次被

▲雍正十二月景行樂圖「九月賞菊」

召入，雍正帝在正殿升座，皇子諸王大臣分東西兩班序坐，作樂進膳，賜食演劇。宴畢，諸臣謝恩退出，雍正帝復依諸臣品級賞賜糕餅瓜果等物。

雍正帝的〈御製序〉講，賦詩聚會不是爲宴樂逞文采，是「昭聖祖養育之深恩，朕廷泰交之雅會，垂之奕世，永傳斯事」。意在報答康熙帝撫育萬民的深重恩情，歌頌當今太平之政和君臣一體之情。雍正帝的詩句爲「天清地寧四序成」，諸王臣工賡續依次爲：允祉的「賡歌拜手頌升平」，允祺的「卿雲旭日映金英」，允祥的「恩覃九有仰文明」，允祿的「普天率土慶時亨」，允禮的「願抒微忱體維城」，弘曆的「湛恩渥澤周群生」，弘晝的「太和景象彌寰瀛」，順承郡王錫保的「九族敦睦沐恩榮」，鎮國公德普的「御筵陪侍玉瑽琤」，大學士馬齊的「一庭和氣慶豐盈」，大學士嵩祝的「素餐帷幄愧調羹」，大學士田從典的「皇衷感召惟至誠」，大學士高其位的「老臣瑤席獻壽觥」，大學士張廷玉的「梯航萬國歌永清」。部院大臣各以其職務作出詩句，如吏部尚書查弼納的「黜陟維公玉衡呈」，戶部尚書蔣廷錫的「均平九式百度貞」，禮部尚書李周望的「聲靈赫濯昭鴻名」，刑部尚書塞爾圖「求厥明允先平情」，工部尚書李永紹的「職司水土仕匪輕」，都察院左都御史傅敏的「聖德剛健符乾行」。還有都統巴顏德的「千八百國胥朝正」，副都統馬臘的「九重乾乾日勵精」，侍讀學士逢泰的「青壇祇肅侍躬耕」，御史尹泰的「舜日麗照倍晶瑩」等等。最後，三位御史賡續寫出結句：「重陽令節開九閎」、「帝庸作歌暢元聲」、「盈廷喜起臣鄰賡」。將聯句通讀下來，諸王皇子從總體方面歌頌太平盛世和皇帝聖德；朝臣各以其官職謳歌聖明，也表示會盡職盡責，不辜負皇上的期望。

賦詩儀式在雍正四年（一七二六）順利進行，但是事情並沒有完，因爲雍正帝要把詩歌印刷出來。雍正五年九月重陽節時，雍正帝頒賜上年重陽節柏梁體詩墨帖於王大臣翰詹等官，另外頒賜各省督撫學政各一冊。雍正帝還因重陽節，在圓明園正大光明殿賜宴諸王大臣，並賜諸王大臣及三品以上官員緞匹。至此，雍正朝的重陽賦柏梁體詩的盛事方告正式結束。

賦柏梁體詩本身是一件盛事，表示君臣共慶升平，歌頌太平世道。就康熙二十一年（一六八二）舉行的嘉宴賦柏梁體詩，《雍正朝起居注冊》謂，康熙二十一年「舉行升平嘉宴，賦柏梁體詩，曠典麻風，彪炳史冊。我皇上御極四年，事事仰承謨烈，治化翔洽，德澤覃敷」，值此金秋豐收之際，舉行盛典，「歌詠升平之象，作述同揆，後先一致，遠媲唐虞元首股肱之盛」，君臣一體，非漢唐以來宴樂可比。要之，不常舉行的重陽節盛會賦詩，凡是舉辦，即爲朝廷曠典，載入史冊的盛事，雍正帝以此表示對自己初政的滿意。

這樣的大會，自然是臣工謳歌皇帝的機會，應當識趣，去感恩，誠心誠意湊熱鬧，挖空心思吟出好詩句，來讚頌皇帝的盛德和皇帝的文采，所謂「聖情醇厚，文藻喬皇，遠媲典謨，永垂巨製，而書法神妙，超邁晉唐」。

嘉會同時顯示出君臣一體的希望，也是一種大規模的實踐，頗有君臣同樂的味道。皇帝讓不拘禮節，會飲酒的臣工，可以多飲。臣工當然不敢造次，但是，顯而易見，雍正帝確實要營造君臣同樂的氣氛。

十一、雍正帝的著述

雍正帝個人及其合作者完成的圖書非常之多，留下了豐富而寶貴的文化遺產，深為後人慶幸和珍視。

雍正帝通過上諭、硃批指導臣工處理政務，實施他的政治方針。這個過程，其實也是他著書立說的過程，只需進行編輯加工，即可成書。他對此也樂於付出精力，於是形成一些著作；他又致力於圖書的選編，而後棗梨，遂有書籍問世；他在皇子時代，專心寫作，當皇帝後印刷出來，自賞並賞賜臣工；他在萬機餘暇，寫作詩文，故有在位時期的文集；他在位期間，主持制訂了一些機構的工作條例，以及修訂法律，因而產生了一些政府部門的典章制度專書。他還下令地方官編寫方志，亦產生了一批圖籍。

這種種寫作方式，使得他在位不長的時間內，產生了很多圖書，留傳下來，受到今人的特別重視，成爲研究雍正帝個人、他的時代的寶貴史料，同時也是研治清代歷史的難得資料，又由於它們的豐富、具體，幾乎爲其他時期所罕見，更加令人珍視。即以日本學人而言，他們使用雍正朝硃批諭旨，連續二十年舉辦講習班，培養了一些清史研究者，出版了一批研究成果，成績斐然。這自然是他們自身努力的結果，但是如果沒有雍正帝君臣的大分量的著作，他們哪裡能爲無米之炊，哪裡能有如許的成績？

筆者在這裡不再講述雍正帝寫作、編輯、印製圖書的過程，只是分類羅列他的一些著作（並非全部），以利有興趣的讀者尋覓利用。爲簡明起見，對圖籍一般不作說明。

甲、雍正帝的個人著述：

《清世宗御製文集》；

「硃諭」，雍正帝親自書寫給大臣的手諭，今藏中國第一歷史檔案館；

《上諭內閣》，雍正九年開始編輯，乾隆朝完成；

《上諭八旗》；

《清世宗聖訓》，乾隆六年成；

《圓明百問》（《集雲百問》），雍正末年刊刻；

《揀魔辨異錄》，雍正末年刊刻。

乙、雍正帝與臣工彙編、摘編之圖籍：

《硃批諭旨》，雍正十一年、乾隆三年先後面世；

《庭訓格言》，彙編康熙帝語錄，雍正八年刊刻；

《聖祖聖訓》，雍正九年成書；

《御選語錄》，雍正十一年成；

《悅心集》，皇子時代選輯並加評述，雍正前期出版。

丙、後世學術界編輯的雍正帝及其與臣工合作的文字：

《雍正朝漢文硃批奏摺彙編》，一九八九年；

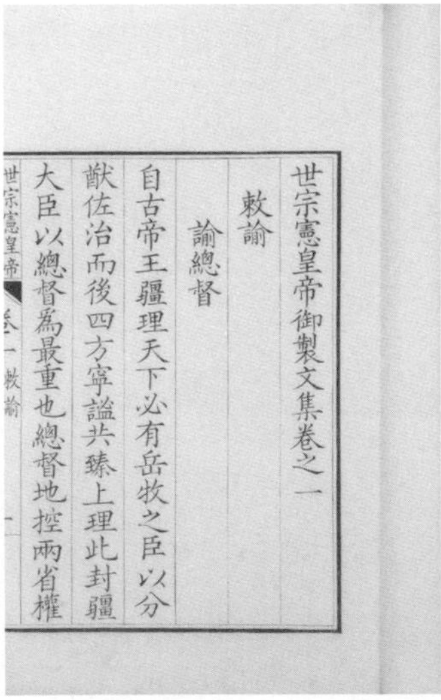

▲《清世宗御製文集》（乾隆三年刻本）

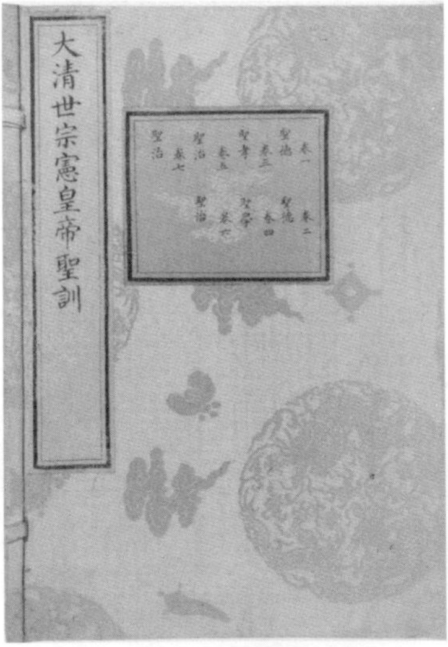

▲《清世宗聖訓》（乾隆五年刻本）

《雍正朝滿文硃批奏摺全譯》，一九九八年；

《雍正硃批奏摺選輯》；

《雍正朝滿漢合璧奏摺校注》，一九八四年；

《宮中檔雍正朝奏摺》，一九七七—一九八〇；

《清雍正朝廂紅旗檔》，一九八五年；

《雍乾兩朝廂紅旗檔》，一九八七年。

丁、雍正朝官修史書、典章制度圖書：

《雍正朝起居注冊》，一九九三年；

《雍正會典》，雍正十一年成；

《古今圖書集成》，康熙朝編輯，雍正六年編輯印刷；

《吏部則例》，雍正十二年成；

《欽頒州縣事宜》，田文鏡著，雍正帝核

▲《御選語錄》（雍正十一年刻本）

▲《硃批諭旨》（清內府刻本）

准；

《欽定執中成憲》，雍正五年下令編輯，乾隆間成書；

《八旗通志初集》，雍正五年至乾隆四年成書；

《八旗則例》，雍正三年下令纂修；

《欽定大清律集解附例》，雍正五年武英殿版；

《賦役全書》，雍正十二年規定十年續修一次；

《戶部漕運全書》，雍正十二年命修；

《宗室玉牒》，雍正二年、十二年；

雍正間李衛主編《浙江通志》；

雍正間田文鏡主編《河南通志》等等。

雍正帝的寫作，有其特點：個人勤奮，抓緊時間，自云秉夜寫硃批，如此才能夠有巨

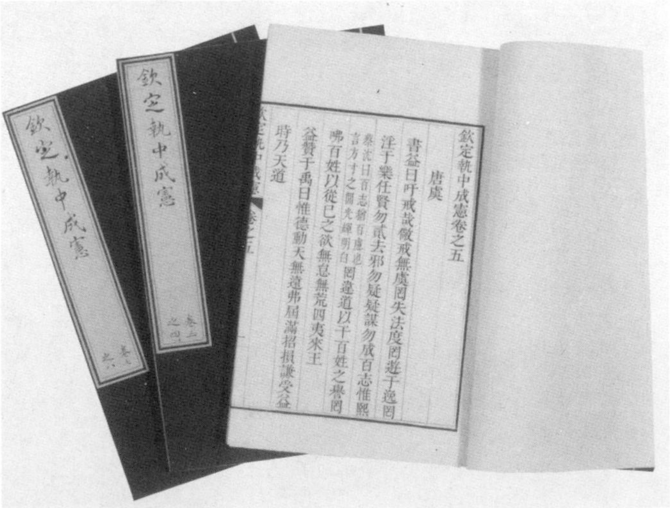

▲《欽定執中成憲》（雍正內府刻本）

量文字遺留下來；著述所涉及的社會面廣泛，舉凡社會政治、社會經濟、社會生活、官場百態、民間百態，無所不有，故而史料價值高；將一些官書的寫作制度化，如「起居注冊」在康熙朝後期，寫寫停停，末年不再寫作，雍正帝恢復，使得清朝以後保持這種史書的寫作而不輟；又如下令《賦役全書》十年一修，承上啓下，進一步制度化；竄改史料，如在編輯《硃批諭旨》過程中修改具摺人的原稿，欺騙世人，使得後世研究者需要有所考訂和愼重使用，這是惡劣的作風。

雍正帝修書的最大特色，是要用著述體現他的政治觀念，表達他的政見，彰顯他的政績，是爲鞏固已經取得的政治成果，更爲政事能夠獲得進一步開展。這在編輯《硃批諭旨》中表現得最爲鮮明。無疑，這也是他的動力之所在。寫作、修書，同時也反映了雍正帝爲人處事的認眞執著態度，以及雷厲風行的辦事作風。

第五章

雍正帝的性格與養生之道

身為皇帝，無時無刻都離不開政治，真可以說是一架政治機器。勤政的皇帝，其理政、生活習慣，必然形成一種思維定式。事情來了，它與政治是何關係的思索，一定會湧上心頭。認真的帝王，追求政治完美的帝王，即使是休息的時日，也難以做到真正的散心娛樂。雍正帝就是這樣的君主。他可以說是個「工作狂」。這並非是筆者要這麼說，其實是他自己這麼講的。

狂熱地做事，是雍正帝的一種活法，也是他人生的主要內容。現代人常說性格決定命運。追求工作，是一種性格。熱情奔放，辦事會雷厲風行。那麼，是不是性情急躁的人辦事就一定毛手毛腳，不會細緻周到呢？筆者發現，雍正帝兼具急躁和嚴謹的兩種稟賦與風格。雍正帝性格殘忍，已然成爲學術界的定論。但他待人既殘酷無情又眞情實意，既有眞情又有假意。篤信敬天法祖觀念的人不敢有太多的假意；虔誠於天人感應說和歷代帝王的載舟覆舟政治觀的人對百姓也不敢全是假情假意。深知爲君難者對臣工必然有某種眞誠態度，有仁慈的一面；也必然對政敵兇狠殘暴，對藐視其君權者、對分散其君權者殘酷無情毫不手軟。統治者、政治家必有虛假的、齷齪的成分，不會完全講究仁義、信義。雍正帝的個性是多面的，應該說，占主導的是敢作敢爲，勇於進取；他性格中的重大缺陷是過分注重事功，殘忍苛刻。工作狂並沒有影響雍正帝享受生活。他有許多愛好，如喜好研製藥品，喜好精美器皿，愛好書法，雕塑、繪畫雖非其所能，但有很高的欣賞水平。

本章將敘述雍正帝的爲人、作風、愛好，剖析他的自律與放縱，從其爲人、賦性來探究他的能力、政績是如何得來的。

一、不知疲倦的工作狂

雍正帝自云，凡緊張處理朝政的時候，就精神倍增，興奮得不知疲倦。

他在雍正六年（一七二八）十月初三日秋審勾留（決囚）河南情實犯六十九人之後，向諸臣說，今日因係決定人命的大事，特別費神費時，絲毫不敢疏忽。接著說，這其實是常事，「朕每日辦理政務，日朝至暮，精神倍出，身體從不困乏。倘稍閑片刻，便覺體中不舒暢。朕之勤於政事，實出於中心之自然，非勉強爲之也」。勾留之前的上午，他處理朝事；下午交給了勾留。一天理事，不感到疲倦，反而精神倍增。可見，他對理政有濃厚的興趣，完全投入了，頗有成就感，眞正是樂在其中，忘卻了疲勞。

秋審決囚是雍正帝狂熱理政的典型事例。我們不妨來觀察他一整天的辦公情況。雍正六年（一七二八）九月二十二日，上午雍正帝處理政務，發出一道上諭，要求督撫不得假借耗羨歸公之名行貪占之實，只准許將應歸公之額外收入歸公；又一道上諭，談論貴州古州改土歸流事；批准戶部奏議京城粥廠事；處置刑部請示的兩個案子；處理工部議奏山東官員製造戰船案；批准刑部尚書勵廷儀條奏〈肅清鹽政事宜四款〉一疏；批覆山西提督袁立相引見官員的報告，共做了七件事情，其中一件還包括了兩個案子。到了午時（十一—十三時），雍正帝至洞明堂，與大學士馬齊、張廷玉等審閱秋審雲南、貴州、四川、廣西情實罪犯應勾決者三十八人，詳細閱覽案卷之後，認爲凡是使用刀刃殺人的犯人需要判處死刑，非金刃者可以減等，又以人命關係至重，召入刑部尚書德明、勵廷儀，要求他們發表意見，然後一一作出勾決或緩決。

同月二十四日上午，雍正帝首先根據翰林院奏請，補授日講起居注官；接著是分批引見官員，分別是補授牛羊群牧長員缺、西安府佐領員缺、崴克地方六品捕盜官員缺、江寧府防禦員缺、黑龍江佐領員缺、成都府江寧府西安府各員缺、西安府協領員缺、黑龍江佐領員缺、杭州府佐領員缺、新台口防禦員

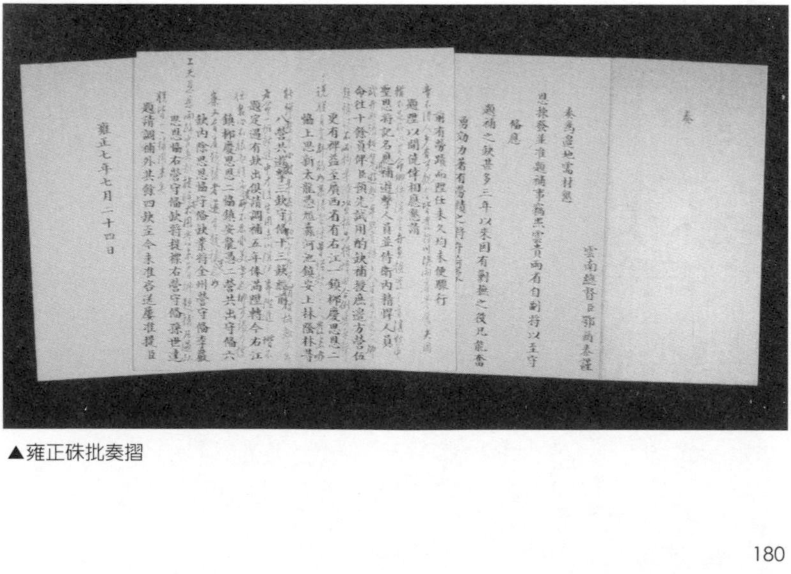

▲雍正硃批奏摺

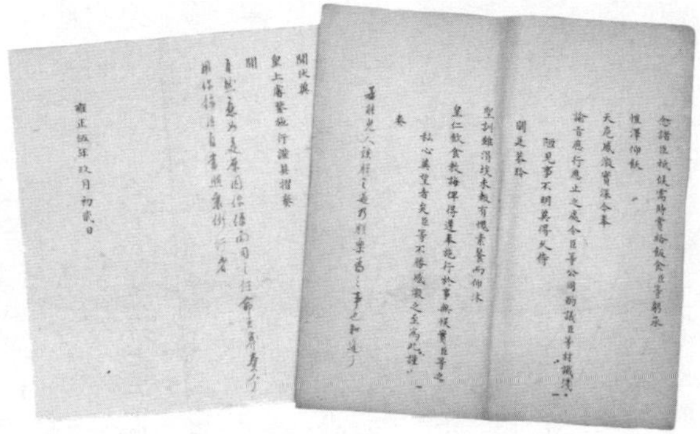

▲雍正硃批奏摺

缺、杭州府佐領員缺、黑龍江佐領員缺、杭州府協領員缺、西安府參領員缺，共計十四批，每批都有擬正、擬陪人員，雍正帝在面談後確定任用的人員，因此頗費時間。未時（十三—十五時）才到達洞明堂，處理秋審福建、廣東、盛京、陝西情實罪犯應勾決者七十五人。在議刑時，雍正帝不僅依據案情判斷，還要參考案例，尤其是康熙帝的定例，如閱至使用假銀犯劉二，雍正帝詢問，聖祖時有用假銀處絞刑的嗎？學士徐元夢回奏，這是新定之例，原先沒有，雍正帝遂命緩決。閱至絞犯蘇都戶，因其接受巴代說情，兩次收受賄賂銀一百兩，讓充軍發配的欽犯石城在路途不帶枷鎖，到發配地又行釋放。雍正帝問朝臣蘇都戶、巴代二人罪情有否分別輕重。大學士馬爾賽認爲蘇都戶罪尤重，而蔣廷錫持不同意見，雍正帝命二人俱緩決。這類議論，使得勾留的進行不會迅速。事畢，雍正帝又處分詹事府庶子常寶，謂其不通漢文，昏庸不稱職，革退回旗，對品効力。

二十五日，又是分批引見；到未時勾留湖廣、浙江、江西情實罪犯八十四人。二十六日，先處理臣工奏疏和引見官員，於未時至洞明堂勾留江南情實罪犯九十人。自二十二日至二十六日的五天裡，除二十三日一天，雍正帝都是連續從早到晚不停地發出各種指令，引見官員，勾留罪犯，沒有暇刻。

雍正帝的勤政有點過分，地方大員都有耳聞。自認爲有情分可以關切者，奏請皇帝節勞。兩江總督查弼納雍正元年（一七二三）四月二十五日恭上奏請愛養聖躬摺，謂聖主皇帝已經辦妥聖祖梓宮安放，盡了大孝，從此以後，「伏乞皇上茶飯按時，愛養聖躬，以理政務。竊聞皇上日理萬機，直至夕陽西下，龍體甚爲勞頓，臣憂難忍，不揣冒昧奏請」。自凌晨至傍晚不停理政，是雍正帝的常規作息時間，另外夜晚還要批閱奏摺，是典型的工作狂。

雍正帝有沒有名副其實的休息日？元旦期間做不到，其他日子，應有休憩之時吧？雍正四年（一七二六）十一月十六日雍正帝幸圓明園；十七日駐蹕湯泉；十八日至二十日《起居注》無記事內容，惟有起居注官署名；二十一日、二十二日、二十三日，每天只記載了一道上諭；二十四日無記事；二十五日自湯泉回京，先到壽皇殿行禮，回到宮中，辰時（七—九時）在養心殿與大學士馬齊、富寧安、張廷玉等處理政務。可知，他在天還沒有亮就從湯泉動身，祭奠完康熙帝後，回到宮中辦公。因爲是從外面趕回來的，他開始理事的時間比平日的卯時晚了一個時辰。在十七日至二十四日的八天中，從《起居注冊》無紀錄

▲溫泉行宮舊影

的情形看，似乎他沒有理政。就此，筆者進一步查閱了《清世宗實錄》。雍正帝在湯泉期間，《實錄》記有他對六部議奏的批覆。看來，他在湯泉期間，並未停止辦公，只不過處理的政務比在宮中少一些。湯泉，即京城德勝門外小湯山溫泉宮。康熙帝經常到此療養——「坐湯」。雍正帝來此，顯然也有療養的意思，這也就是他的休憩了。

雍正帝的確勤於政務，而且比絕大多數帝王要勞累得多。但是不要誤解，以爲他絲毫沒有休息之時。在緊張之中有閒暇，人們多會這樣處理生活，雍正帝也不會例外。至於在休憩之時，是否眞正休息了，調整了精神狀態，消除了疲勞，只有雍正帝自己知道了。不過，根據他的精神狀態和工作作風，大概很難做得到。

有學人說，雍正帝每天起得早，睡得晚，吃得少，玩得少，在位十三年的治績比在位六十一年的康熙帝有過之而無不及。「玩得少」，應是實際情形。雍正帝將精力、時間全都交付給朝政了。

二、複雜多面的性格

雍正帝教導臣工要外柔內剛。但他自己卻做不到，他是內外俱剛。

副都御史永福雍正二年（一七二四）九月二十八日奏報收人參和糧價，硃批：「遇事舉動，外要柔和，內存剛毅，若能如此爲之，才是大丈夫。若外剛而內柔則不足取也。」

雍正帝的殘忍，突出表現在對待皇族中的政敵和功臣殘酷無情的殺戮，在對待雲貴總督楊名時、侍講錢名世案件中表現得尤其凸出。同父異母弟弟允禩、允禟之死，雍正帝說是服冥誅，其實是他迫害致死的。同母弟允禵、異母弟允䄉被圈禁，異母兄允祉在雍正八年也遭圈禁。六位兄弟遭遇如此惡運，此外還有皇族中的蘇努、延信等人被整飭。雖然這些人多數是其政敵，有自取之咎，但圈禁他們足可以了，何必非致死而後快？除了積怨太深外，也在於雍正帝的殘忍性格。

對於「忠臣」、「功臣」、「良臣」隆科多，他特封為「舅舅」。

在給年羹堯的硃諭中，一口一聲地「怡舅」如何如何，將隆科多與怡親王允祥相提並稱，而且是那麼的親熱，這「舅」簡直就是昵稱了。然而，曾幾何時，舅舅死於囚禁之所。他隆禮對待年羹堯，酬勞其青海之功。這可是起到穩定雍正帝政權作用的至大功勞，故而對他說：「朕實不知如何疼你，方有顏對天地神明也。」「我君臣非泛泛無因而來者，朕實慶幸之至」，對你的為人與功業，「每向怡舅，朕皆落淚告知」（見雍正帝「硃諭」）。是以在年羹堯雍正二年（一七二

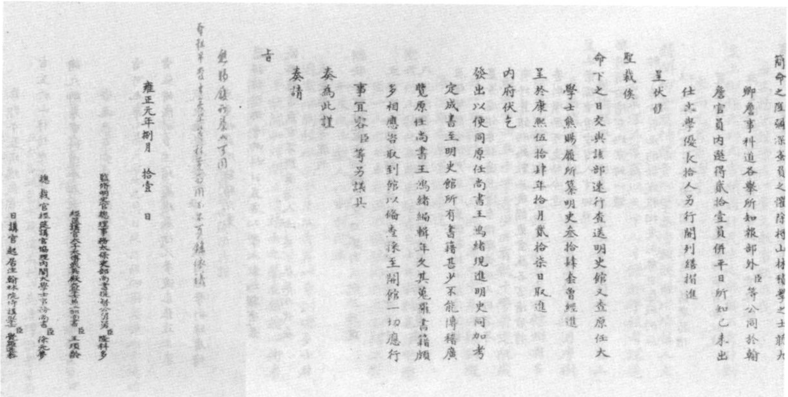
簡命之隆彌深委貫之懼陟將山林積學之士親加
卿詹事科道各舉所知報部外臣等公同於翰
詹官員內遴得貳拾壹員併平日所知已未出
仕之學優者拾人另行開列繕摺進
呈伏候
聖裁俟
命下之日交與該部速行查送明史館又查原任大
學士熊賜履所纂明史叁拾肆套曾經進
呈於康熙伍拾肆年拾月貳拾柒日取進
內府伏乞
發出以便同原任尚書王鴻緒現進明史同加考
定成書至明史館所有書籍甚少不能博稽廣
覽原任尚書王鴻緒編輯年久其蒐羅書籍頗
多相應咨取到館以備查核至開館一切應行
事宜容臣等另議具
奏為此謹
奏請
旨
雍正元年捌月　拾壹　日

▲隆科多奏摺

四）冬天進京之前，雍正帝特令擬訂迎接年大將軍的儀注；又想同時召集各省督撫進京議事，因有人以無事可議反對而未行。然而，功高震主，雍正帝多少有點懷疑年羹堯有造反之心，加之他言行極其不檢點，授人以柄，先被貶到杭州，隨後押解進京，被令在寓所自裁。可憐他對雍正帝猶存幻想，以爲皇帝在臨刑前，會有特赦令下達。哪知雍正帝是鐵了心叫他死，不綁赴菜市口刑場就已經是優待了，年羹堯遂在絕望中自戕。這一對知心的君臣，「非泛泛無因而來者」，雍正帝這時就不講天理和佛緣了。心狠手毒，的確不假。

錢名世，江蘇武進人，與年羹堯南北鄉試同年。年羹堯雍正二年進京，錢名世賦詩贈送。年案出來，雍正帝說他贈詩是文人無恥鑽營的行爲，違背聖賢遺教，不配作儒學中人，因而用文詞做刑罰，親書「名教罪人」四字，以誅其心。同時將其革職回籍，由地方官將「名教罪人」製成匾額，懸掛其門，以事羞辱。又令科甲出身的京官寫詩諷刺錢名世，由其本人收集刊刻，進呈皇帝，發往各地學宮，令眾人觀看，從中得到教訓。

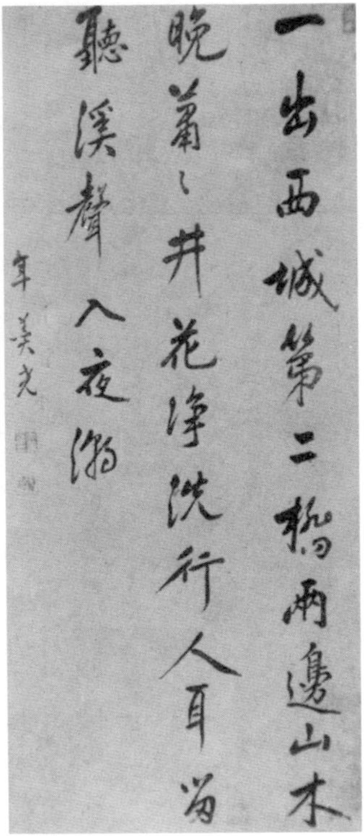
▲年羹堯手跡

如此處置，實在出人意料，對比出奇料理的曾靜案，這是另一種出奇料理，虧雍正帝想得出。這是誅心之罰，比肉刑更讓人難受、難堪。讀書人是名教中人，現在成了非同一般的罪人——「名教罪人」，恥莫大焉。御書匾額，懸掛家中，天天寓目，天天刺心；又是張掛在家鄉，眾人觀覽，怎麼有臉出門見人，只好忍辱龜縮在家中忍受心靈的熬煎；眾人的諷刺詩，還要自家去收集，去刻印，去讓天下的讀書人譏笑、咒罵，不知怎樣苟且偷生於人世！雍正帝的命令全被執行，《名教罪人》收集近四百人的作品，分印成二冊，發到各府州縣學。雍正六年（一七二八），廣西梧州府藤縣教諭譚玉琪將《名教罪人》借給監生胡祚悠、霍廷杞閱覽，他們還進行圈點。誅心的懲罰，今人有說是「更具機巧妙思」，是「糟蹋人的藝術」；是獨出心裁的「大批判」，經歷過「文化大革命」的人才能深切領會它對心靈的摧殘之酷烈。

雍正帝不把人當作人，才如此殘忍地糟蹋人。被踐踏的雖說是錢名世，其實是一批人，一批科甲出身的朝臣。奉命為《名教罪人》寫作的有三百八十五人，內裡有不少人是不情願的。試想，給有關係的權貴寫點筆墨文字，不是什麼了不得的事情，

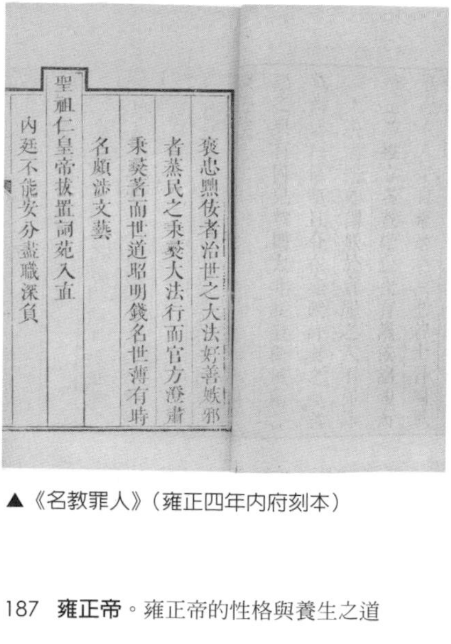

▲《名教罪人》（雍正四年內府刻本）

是一種普遍現象，也是風俗。而雍正帝讓寫諷刺詩，不就等於寫自己嗎？然而又不得不挖空心思地去寫，豈不是大痛苦？於是勉強敷衍完卷者有之，但是並未了事——被雍正帝認為寫作不合格的人，受到了嚴厲的懲罰。如侍讀吳孝登的詩被認為荒謬，被發遣寧古塔給披甲人為奴。這懲罰比對錢名世本人勒令回籍還嚴重得多，這眞是任意為法，被處罰者無理可說。雍正帝的狠招既對著錢名世，也對準那些面從心非的臣工。錢名世案，是雍正帝誅讀書人之心的惡招，其心猶毒、猶狠。

楊名時，康熙三十年（一六九一）進士，任學政，不理會富貴子弟，而樂於拔取貧寒生童，康熙五十九年（一七二〇）出任雲南巡撫，清廉守正。但是雍正帝即位後，認為他矯情釣譽。雍正三年（一七二五）十月授雲貴總督。在此之前，以其洩密，停止其書寫奏摺的權力，至是，恢復之。可是楊名時又誤把奏摺中的硃批寫進題本，雍正帝認為他是有意為之，以表示他對奏摺制度的不滿。處置楊名時的辦法，有兩件蹊蹺事，也是奇招，即令楊名時以雲貴總督身分管理雲南巡撫事，而鄂爾泰則以雲南巡撫身分管雲貴總督事。於是，楊名時以主官身分受屬員鄂爾泰管理，遇事向屬員鄂爾泰請示報告，臉面往哪裡放，雲南的布按道府州縣官如何看待他，怎麼會禮敬他？不消說，這讓楊名時大失尊嚴，其情何以堪！眞是欺人太甚！

另一件是在雍正五年（一七二七），楊名時被免職之際，上疏修治洱海。雍正帝說他早不題請，這時是爲買個好名聲，也是給後人留下爲難事。那好，就將他留在雲南修治，經費自出。因此，終雍正帝之世，楊名時不能離開雲南。他是清官，哪裡有錢去興修水利？他沒有坐牢，但恐怕比在鐵窗裡，精神上更受壓抑、更難受。雍正帝如此故意虐待他，原因是認爲他沽名釣譽，有礙推行新政。加上楊名時的科分比大學士張廷玉等人早，是前輩，張廷玉等人尊重他，有影響力，雍正帝就拿他開刀，希冀起到殺雞儆猴的作用。楊名時的倒楣，正是撞在槍口上，本身並沒有錯。所以雍正帝死後，他奉新君之召進京，沿途受到衆人禮遇，皆仰望其風采。眞是公道自在人心，而不以皇帝的意願爲轉移。雍正帝忍心這般羞辱受人尊敬的大臣，簡直是惡作劇，

▲清人繪《雲南輿圖》

根本不像是莊嚴神聖的帝王所為。這與他對「為臣不易」的理解極不符合，甚至是背道而馳。

雍正帝將年羹堯貶為杭州將軍，是因為有「帝出三江口，嘉湖作戰場」民謠，杭州恰在其處。雍正帝在年羹堯的奏摺上批寫：「想你若自稱帝號，乃天定數也，朕亦難挽。」（〈年羹堯奏摺・奏謝調補杭州將軍摺硃批〉，《文獻叢編》第八輯）可見，已經懷疑他可能造反了。吳耿尚「三藩」之後，朝廷再也沒有出現過叛臣。而雍正帝竟然懷疑年羹堯，不能不說他多疑。他對允禩可能策動的政變也是疑慮重重，兩相印證，說明他疑心病太重。

在年羹堯的罪狀中有一條，使用皇帝派去的侍衛做「擺隊」——儀仗隊。這些侍衛是雍正帝派去監視他的，是皇帝的耳目，也即特務。年羹堯知道他們的性質，卻故意不買這個帳，終究授人以柄。雍正帝派出的侍衛頗有一批，田文鏡身邊也有，只是他不像年羹堯那樣心高氣傲，對侍衛待之以禮。雍正帝派往各省的侍衛，名義是給督撫使用，「為上司者，只應據實秉公分別優劣，不當以為係奉旨發往之人，稍存偏向之意」，其實是監視主官的行動，主官哪裡敢給他們寫不好的評語！在侍衛阿成阿雍正九年（一七三一）十一月二十一日謝恩摺上，雍正帝批寫：「爾每次另繕密摺具奏。保密。諸事據實奏聞，毫無保留，勿加隱飾……務符朕期盼爾之意。」此外，他還利用密摺制度要求官員們互相監視，「周凱捷如何？石文焯、鍾海、李元英等聲名如何？勿得隱瞞，從實奏來。將此等事，惟慎密之，一旦爲朕知覺，要關係爾之一生」。正是有這些侍衛和密摺制度，讓雍正帝對各地官員狀況和民風瞭若指掌，所以常常拿掌握的訊息議事，警告官員忠誠辦事，並自詡「朕之耳目遍及全國，豈能隱瞞」？成功的用人原則是信而不疑，疑而不用。雍正帝因疑心病重，用而疑之，讓官員互相報告其上司、同僚的行政、隱私，鬼鬼祟祟，成何體統，有失帝王風範！此乃非正常的手段，是雍正帝製造的惡劣政風。

在對待官員的防範、嚴刻、殘忍之中，雍正帝也有關愛的因素。誰辦事讓他高興，誰向他報告令他高興的事情，他也會施恩，體現他的愛護、愛惜之情。他在官員奏摺上批寫「落淚而書」、「噙淚諭之」，是動了真情的。西安將軍延信在西北軍前之時，雍正帝有時能跟他互道眞情。延信雍正五年（一七二七）三月十五日的奏摺表示：「延信我愚昧過失之處，聖主均寬宥免罪，又施以殊恩訓示降旨，延信我不勝惶悚感激不盡，臣惟日夜銘記聖主教誨之鳳詔，遇事追根究底竭力黽勉，以圖仰報聖主眷愛擢用之重恩於萬一耳！」內中既有套話也有眞情。而雍正帝的硃批則是眞實感情的表露：「理應黽勉，如朕當奴四十載之主實難相遇。即便相遇，如朕無私心雜念之人，相遇更難。」自云在康熙朝四十年不容易，意即能夠體貼人，而他又是無私心雜念的純正君主，臣工遇上了是萬幸，應當努力輔佐，奮勉向前。如此自許地教導臣工，是眞心實意的。延信讀到硃批，於四月十五日上摺說明感受：「聖主天生神聖，不懷私心雜念，資稟神明，如同日月，光芒照耀四方，普天

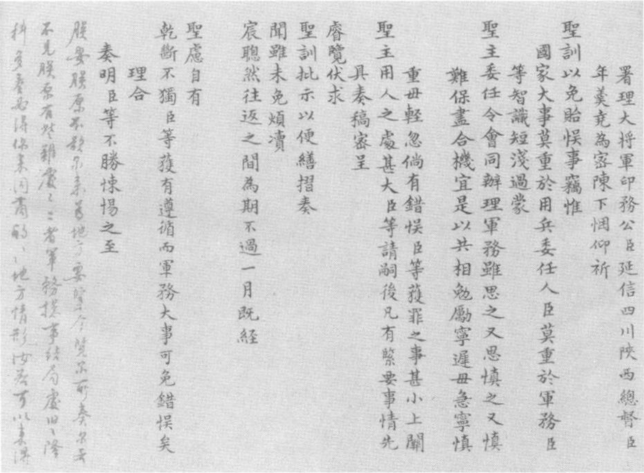
署理大將軍印務公臣延信四川陝西總督臣
年羹堯為密陳下悃仰祈
聖訓以免貽悞事竊惟
國家大事莫重於用兵委任人臣莫重於軍務臣
等智識短淺過蒙
聖主委任令會同辦理軍務雖思之又思慎之又慎
難保盡合機宜是以共相勉勵寧遲毋急寧慎
重毋輕忽倘有錯悞臣等獲罪之事甚小上關
聖主用人之處甚大臣等請嗣後凡有緊要事情先
具奏稿密呈
睿覽伏求
聖訓批示以便繕摺奏
聞雖未免煩瀆
宸聰然往返之間為期不過一月既經
聖慮自有
乾斷不獨臣等獲有遵循而軍務大事可免錯悞矣
理合
奏明臣等不勝悚惕之至

▲延信、年羹堯奏摺

下之人無不荷沐聖恩，實卓異於先帝，可謂相遇難矣。」他竟然說出當今皇帝比康熙帝聖明的話。幾個月前，鄒汝魯僅僅說「舊染維新，風移俗易」的話，就被認爲貶低康熙帝而遭殃。雍正帝在此默認延信的話，對這道奏摺，硃批連連稱讚「快睹之」、「所奏虔誠，朕快睹之」、「甚是歡忭，合掌而閱」。在奏摺中，延信還說到雍正帝讓他學習漢文的事。康熙六十一年（一七二二），雍正帝奉康熙帝之命清查京、通二倉倉糧，隨員中有延信，便中問他懂不懂漢文，回說不通，後來在硃批中要他學習：「認學幾個漢字容易，若學寫文章詩賦、背誦經史書籍，現已年邁難矣。但粗通幾字讀懂文書較易，閒時何不少加留意。」延信表示，「臣欽遵聖旨，抽閒盡力認學」。雍正帝再次開導他：「很好。若立意學會，則必成，並非難事。每日認記二字，一年認六百字，已足用。」通篇奏摺與硃批，都是君臣交心說實話。對於已經有了年紀的滿人延信，雍正帝那麼上心地同他談論學習漢文的事，有那樣的耐心，用那樣的精力，如果不是眞心的關愛，是絕對不能做到的。這時的皇帝有愛心，臣子的敬畏之心亦有眞情。凡是官員奏報雨水、收成、糧價好的摺子，雍正帝的硃批必是：「覽奏甚喜，合掌祈禱」、「合掌欣覽」、「欣閱覽之」，既反映出閱覽奏摺時的好心情，也是眞心誇獎奏報的官員。看來，雍正帝也有動眞情的時候。

「仁者愛人」，能夠設身處地爲他人著想，而後善待之，就是仁慈。雍正帝在對待生監考比、考職兩件事情上顯露出慈愛之情。在雍正朝一系列財政政策的實施中，在彙追錢糧積欠時，雍正六年（一七二八）安徽學政李鳳翥提出對生監拖欠錢糧加重處罰的建議：凡上半年錢糧到五月沒有上交一半的，分三限追比，二限未完縣學責打，三限未完由知縣傳集學宮，一起在縣衙責打；下半年十月不完者，初限學中責打，二限縣衙責打，三限報學政褫革。經過禮部等衙門討論，雍正七年三月二十一日批覆再議。雍正帝認爲讀書人明理，應當做庶民的表率，故而在徵糧上應嚴格要求。但是上半年未完糧的百姓並不責打，而生

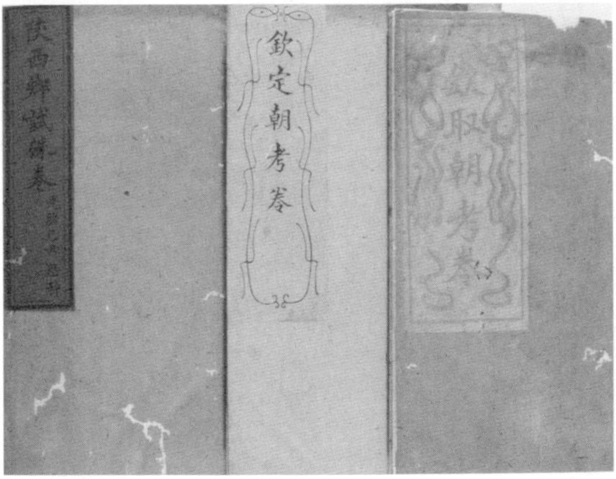

▲清代鄉試硃卷（光緒刻本）

監則要受刑，因此應該考慮到：「一經笞杖，則難洗終身之辱，一經褫革，即永無上進之階，諸生縱不自惜其身名，朕則深爲諸生憫惜之也。」況且，諸生中有貧富之別，需要區別對待，使抗糧的「富者不得藉口愆期，貧者得稍紓其力，沾沐朝廷體恤之恩，而國賦不至於拖欠」。雍正帝從人情的角度指出，生監一旦被當眾責打，是終身洗刷不掉的恥辱，從此不能抬頭做人，不能人前說嘴；而一經褫革，終身失掉進學做官的機會，不僅早年的心血付諸東流，以後也沒有前途。他的意思是，不能絕人生路，應加以憐憫。「惻隱之心，人皆有之」，雍正帝設身處地，對違限納糧的生監眞誠地動了惻隱之心。

清朝制度，貢監生可以考職，合格者取得空銜，然而永無做官的可能。生監明白了這個道理，就不鑽研學問、認眞對待考試，很多人請人代考，博個空銜虛名。雍正帝深知此種情形，於雍正五年（一七二七）下令，引見考職者，使得他們有了出仕的機會。但是問題來了，應試考職的有一千二百餘人，只有二百人報名引見；引見中雍正帝取中數十人，交吏部陸續選用。山東巡撫要求補充官員，雍正帝一次選用考職者九人，命交河南山東總督田文鏡，轉交山東巡撫選擇使用。從此，考職者有了奔頭，有了前途。這是雍正帝憐憫他們的處境，進而調整政策的結果。

對於烈婦殉夫自盡，孝子割股療親，是否旌表，清朝皇帝處於兩難之間。旌表吧，會使殉夫的烈婦、割股療親的孝子增多，傷人性命，所謂「戕生者眾，爲上者之所不忍也」；不表彰吧，又與大力提倡的孝道、婦道不合。羅源縣民李盛山的母親病了，他割肝爲母治療，母病癒而己身亡。雍正帝以其「迫切救母之心實難得而可憫」，予以旌表。但事後又發出上諭，聲明下不爲例——不能成爲旌表案例，表示不贊成傷害自己的身體救親。他特別宣布：「保全生命之爲正理，則倫常之地皆合中庸，不負國家教養矜全之德矣。倘訓諭之後，仍有不愛軀命，蹈於危亡者，朕亦不概加旌表。」「保全生命」，愛惜身體，不鼓勵戕害身體的孝親行爲，多少體現出仁愛之心。

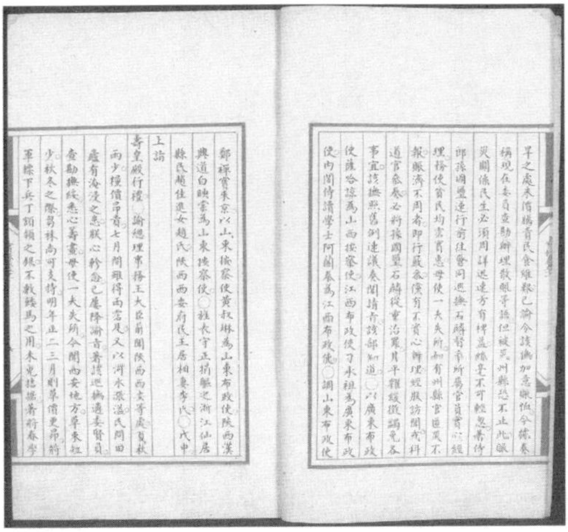
▲清寫本《實錄》

清朝皇室家規，在位的皇帝以閱讀祖先的《實錄》爲日課。雍正帝於雍正六年（一七二八）春天閱讀《聖祖實錄》，得知原任四川總督李國英奮勇殺賊、勞績卓著，因而令人查找其子孫，帶領引見，給予加恩。李國英之孫李永升，原任南陽總兵官，不能稱職，又收受陋規，被參劾革職，發往阿勒泰驛站効力。至是，李永升被雍正帝召見，授爲參領，並教導他：「爾不念爾之祖父，勉爲好官，然朕心實不忍忘爾祖之勞績也。」正是有此不忍之念，才加恩於功臣後人，冀其家聲永振。在這裡，雍正帝念舊，有不忍之心；也是用有作爲的名人，用仁愛之心，教育人奮發向上和折節自新。

雍正帝除豁山陝樂戶、浙江墮民、安徽伴當世僕、廣東蜑戶之賤民名籍，說起來不算大事，但從人道上講意義卻非常重大。這類人群，不是哪一家哪一戶的奴僕，而是全社會的。政府與社會給他們規定了集中居住區，特別規定了異於良民的服裝。他們從事下賤的職業，不得進學出仕。富家的奴婢還有被主人放出爲良的希望，而此類賤民卻沒有指望，是社會不給他們出路。雍正帝的開豁爲良，說是「朕以移風易俗爲心，凡習俗相沿，不能振拔者，咸予以自新之路」，「開豁爲良，俾得奮興向上，免致汙賤終身且及於後裔」。雍正帝給他們自新之路，使他們有可能成爲良民，提高人身地位，具有平民的人格。對他們來講，這是極大的仁慈。當然，如果說他們原來不能自拔，是他們自身的問題，而不是政府法令和社會造成的，那就是顚倒因果關係了。

人們對人對事，通常用情和理來處理。所用之情理，無不有著倫理道德的烙印。情與理合爲一事，分則爲二事。情與理的產生，一般人是由感情而生出理性，由自發的慈愛之心，去認知道理、倫理，這是因情生理。亦有人由理而生情，從道理上衍生出感情。雍正帝的仁愛，屬於由理生情的類型。他對待生監的扑責、褫革，根據貧富分別對待。他看到貧窮生監不能依限完糧，是無奈所致，不是有意抗糧，道理上分析清楚了，就對他們產生了同情之心、憐憫之心，從而予以關照愛惜。對作弊的考職貢監生採取自首免罪的辦法，也是發現他們之所以無緣出仕，是因為朝廷沒有給他們出路，難怪他們自輕自賤而作偽。道理明確了，同情之心油然而生，故而對因作弊而得官者，只要自首，就不追究責任，亦為由理入情。對賤民的釋放，是著眼於移風易俗的社會改良的目標，然後才顧及他們本身的汙賤並貽害子孫的可憐。照顧良臣、名臣的後人，是尊重良臣、名臣本人，並推及其後人，兼及教誨其後人傳承家業。

他在硃批中辱罵臣工、關愛臣工、教導臣工，是愛恨交織的真情流露。俗語說「無毒不丈夫」、「一將功成萬骨枯」。統治者，要幹成大事業者，沒有不狠毒的。當統帥的絕不會在戰場上考慮殺人的罪過。是以對特殊人物品德的分析，多少要有一點異於常人之處。這不是為原諒他們，而是說明他們為什麼那樣思考和處世，解釋政治家殘酷的原因。

總結雍正帝的性格與為人，可見他疑心病重，殘忍刻薄，而又仁愛慈祥。他有多面性格，兼有殘酷與慈愛；如果只看到一方面就難於理解他的種種行為。他的為人，立足於君主地位；他的殘忍與仁慈，都是為鞏固其帝位，與他的人生哲學亦有關係。他篤信天人感應學說，敬天法祖，因而勤政愛民。

三、敏銳的洞察力

雍正帝不止一次地說自己有做四十年皇子的閱歷，外間的情形，什麼官場習氣、民間風俗全都了解，誰也不要對他隱瞞真實情形。

從下述的一些事例，我們可以驗證他的自許。他確有對人對事體察入微的能耐，憑藉這種本領，處理政事，往往收到預期效果。

雍正帝派遣內務府廣儲司員外郎何雅圖齎送賞銀到都統拉錫軍營，賞賜士卒。這些人原來是京城的閒散幼丁，沒有糧餉，也無住房，生活無著落，雍正帝將他們編入營伍。如今他們因効力得到賞賜，很是高興。雍正七年（一七二九）二月十五日，拉錫上謝恩摺，說兵丁感恩，表示要勤學技藝，務求儉樸，安分度日。雍正帝看了奏摺，全然

▲養心殿正間寶座

不領會他們的情意，反而在硃批中將兵丁臭罵一頓：「愚昧小人。眼前得賞誠然感激歡忭，唯數日揮霍完盡，又將抱怨賞得少矣。其之感激歡悅有何可慮，惟盡力嚴加管教，俾各俱知善，懂得爲人之道，則勝於叩謝朕恩也。朕此旨亦著諭官兵知之。」他以開罵來教訓兵丁，是因爲他深知閒散旗人的習性。他們由朝廷包養起來，無差事，遊手好閒，好吃懶做，動輒抱怨朝廷恩養欠缺。所以說，他們得到賞賜，很快就會揮霍光，寄希望於新的賞賜，否則就抱怨。雍正帝掌握了他們的心理，才發脾氣，要求他們痛改前非。

清朝入關之初，有一些漢人被迫或自願投充爲滿人貴族、官員的家奴，不能離開主人；而逃亡者被稱爲「逃人」，政府嚴行查拿，處以酷罰，成爲清初北方的一大社會問題。雍正四年（一七二六）四月二十七日，雍正帝從刑部奏本中發現，一年來逃人甚多。於是下令步軍統領阿齊圖務於各處嚴行緝拿，而且指出：「此等人無處可逃，若在京城之外，恐被拿獲，大約在京城內潛藏者甚多。」他將京師定爲重點搜查區。五月初三日，雍正帝上諭，賞賜拿獲逃人的番役、披甲人，每人銀子一兩；同時令阿齊圖傳諭管理八旗的官員嚴拿逃人。他知道，逃人因是外鄉人，到地方上不易隱藏，很快就會被發覺拿獲；而京城五方雜處，他們熟悉，熟人又多，便於藏身，所以在京城查察，一拿一準。

京城乞丐楊三、梁二拐帶七兒，雍正五年（一七二七）四月刑部擬議，將他們比照同謀哄騙之例，刺字，發往寧古塔給披甲人爲奴。雍正帝不以爲然，指明他們所犯之罪，按律只應徒刑、杖責，應按律完結，何必從重處刑。他因熟悉律例，減少了司法失誤。雍正六年六月十八日，雍正帝召集領侍衛內大臣、滿洲文武大臣，發布上諭：各都統議事，處分人的意見不是依據實情，而是故意擬議從重處分，以爲這樣皇帝必然從輕發落。然後向被處分的人說，從輕就是我們這樣爭取來的，以獲得感激；若皇帝依議從重，又說皇帝處斷不當。雍正帝說，他們這是兩面討好，將惡名加給皇帝，使人抱怨皇帝。雍正帝也清楚，這是相沿的「惡習」，敕諭諸臣改正。他洞察奸僞之情，維護自己的名譽。君臣鬥心計、鬥法，常常逃不過他犀利的目光、敏銳的觀察。

凡此種種，無不表明雍正帝洞察入微，強悍有力，確能精明理政，收到相應的成效。但是他在明察秋毫中，心機太重，不能對臣工有所包容，沒有做到該原諒的原諒，得饒人處且饒人。老話說「水至清則無魚，人至察則無朋」，這樣處事不合中庸之道。雍正帝不像康熙帝那樣能包容臣工的過失，所以臣工也要把惡名加給他。

▲雍正朝產製的銅胎畫琺瑯玻璃天球冠架

四、細緻入微的作風

雍正帝為人急躁，但又具有細緻、認真的品質，這也是他多面性格的另一個方面。

因爲筆者在《雍正傳》中專題論述過傳主喜怒不定的毛病，這裡不再多說，單講他精細的一方面，但也不大肆展開，僅從他對奏摺制度的細節規範來觀察。

雍正帝即位後，把收繳奏摺當作一件大事來做，有的人因而獲罪，而後世的研究者則以此作爲雍正帝篡位的一種證據。其實，康熙帝就曾下令收繳秘密奏摺，只是制度不完善，回收不認眞，或者說還沒有制度化，或者具摺的官員還不清楚有哪些規定。雍正帝登極後，將它制度化，並認眞執行。雍正元年（一七二三）四月初三日，山西巡撫德音在奏摺中詢問：「此硃批乃專批訓奴才者，奴才似應恭藏，惟內有問（布政使）森圖之事，是繳送回宮，或由奴才收存之處，伏乞聖主指示。」雍正帝告訴他，「硃批繳回」。雍正元年三月初三日雍正帝規定，凡是議事的硃批奏摺一律上繳，僅有「朕躬安善」字樣的免繳。收繳之後，宮中奏事太監按照奏摺日期彙集，定期開列清單送呈皇帝。如雙全於雍正七年

（一七二九）六月十一日將雍正六年二月二十一日至二十九日的硃批奏摺一一寫出事由進呈雍正帝。這就是回繳制度。

在奏摺的行文格式與署名方面的規範，最能反映出雍正帝的細緻、認眞。雍正帝在山西巡撫諾岷雍正二年（一七二四）閏四月二十七日奏摺上寫道：「爾省奏本所寫文字太大而不順眼，擬寫此樣給爾送去，以後照此繕寫具奏。」規定了行文格式和字體的大小，如同今日書刊的字型大小。字大不順眼，必然每頁寫不了多少字，閱讀中要不斷翻頁，也不方便。雍正三年九月初六日，雍正帝在杭州將軍鄂彌達奏摺上的硃

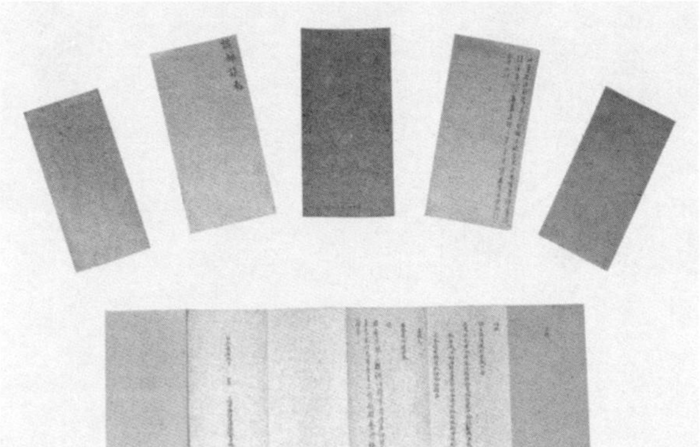

▲雍正時期的各種奏摺

批是：「凡事密者甚要。摺子書寫格式全對無誤，惟官職後寫『臣』字。」密摺絕對保密的事不必說了，書寫格式也一定要對，具摺人的官稱之後，必須加寫「臣」字。

奏摺的封面、封套亦講求規範劃一。雍正四年（一七二六）二月二十八日，杭州副都統傅森的奏摺，沒有在封面寫上具摺人的官銜名字，於是硃批要求，「應寫封面官銜名目」。在西部軍營的吏部尚書查郎阿的奏事摺、請安摺寫得都不合規範。雍正帝在他雍正七年五月二十一日的請安摺上告訴他：「除請安書及藏之軍務外，皆用漢字具奏。摺子亦太大了。請安書不必每次皆奏。另於黃紙繕寫具奏，俱照岳鍾琪而為。」岳鍾琪有合乎規範的文本，可供查郎阿模仿。

雍正帝就奏摺形式所寫的硃批，所有指出的不規範的地方，都沒有責備臣工，可見是原來並沒有明確的細則，是在執行過程中發現問題，逐步解決，怪不到臣工。雍正帝則留心這些細節，並一件件去解決，於是奏摺制度嚴密制度化了。雍正帝日理萬機，對這些細則如此之上心，他辦事就是這麼認真、執著。從中可以看出他心細如絲，毫不苟且。可知他閱讀奏摺時必定細緻、認真。細小的文字格式，乃瑣碎的事，不細看，如何能發現！匆匆忙忙地看，是不會顧及到這些的。他不僅注重奏摺的內容，連形式也不放過，大概形式是內容的體現，是對皇帝的態度——是否尊重，是否遵守制度——這才是他關注的基本原因。

五、雍正帝的年節

重陽節，雍正帝舉行賦柏梁體詩會，君臣歡聚，賞賜臣工。

這是過節，那麼年怎麼過？有許多典禮，年節必有，得按規矩走；其時，朝中的緊要之事，要趕著辦；休息是有的，但看來不多。我們不妨看看雍正帝即位後雍正元年、喪服期滿後的雍正四年和雍正八年過元旦的情形。

雍正元年（一七二三）元旦，雍正帝首先詣壽皇殿行禮；回宮，因在諒陰期間，不升殿舉行賀禮；此後詣皇太后宮問安，因同樣原因不行慶賀禮；接受朝鮮使臣表賀冬至、元旦、萬壽節及歲貢禮物，照例賞賜，不設筵宴；頒布雍正元年時憲曆；頒發給地方官員總督、巡撫、提督、總兵官、布政使、按察使、知府、知州等十一道諭旨。初二日，關於老人事諭戶部；任命鄉試考官。初三日，河工事諭大學士。初四日到皇太后宮問安。初五日，處理倉場、官員任用等四件事。初六日，孟春時享，詣太廟行禮。過年期間，除了舉行祭禮，就是發布諭旨，處理政務。服喪期間，免去賀禮。

雍正三年（一七二五）十二月二十九日，雍正帝因歲末詣太廟行祭禮，三十日，因年終宴朝正外藩。雍正四年正月初一日，往堂子行禮；到奉先殿行禮；御中和殿，內大臣、侍衛及內閣、翰林院、禮部、都察院、詹事府等衙門官員慶賀元旦禮，這是接受身邊官員的祝賀；御太和殿，諸王、貝勒、貝子、公、文武官員，來朝外藩蒙古王、貝勒、貝子、公、台吉等，朝鮮等國使臣進表，行慶賀禮；壽皇殿行禮；午時，再次至太和殿，賜宴諸王、貝勒、貝子、公、內大臣、侍衛、文武官員及朝正外藩；受朝鮮使臣貢禮，予以賞賜。這是諒陰之後的第一個年節，故宣讀賀表，並對外藩王公和使臣多加賞賜。初二日賜宴內大臣、滿漢大學士、尚書、侍

▲雍正十二月景行樂圖「正月觀燈」

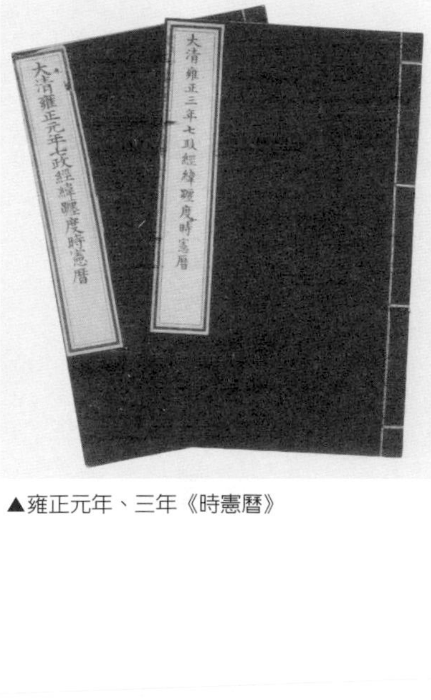

▲雍正元年、三年《時憲曆》

郎、八旗都統、副都統、內閣學士、內廷翰林等於乾清宮，講話告誡臣工，「人臣之誼，公而忘私，萬不可有遊移瞻顧之心，黨援朋比之習」。此時正值徹查允禩、允禟、年羹堯、隆科多案，故有此番提醒。初三日，發出諭旨多道，涉及賞軍、運河、西藏、城廠黃家灣工程諸事。初四日，發上諭譴責允禟。初五日，在養心殿西暖閣召見諸王、貝勒、滿漢文武大臣，譴責允禩；下達部院司官、筆帖式引見事；為祈穀上帝開始齋戒。初六日在乾清宮引見戶部、兵部司官、筆帖式。這是前日布置的事，今日即行辦理。初七日，在太和殿演習祈穀禮。初八日，舉行祈穀禮；為開除允禩等人宗籍，撰成奉先殿祭告文，令諸王大臣議論，眾皆擁護，此為先做輿論動員；引見官員。初九日引見官員。初十日，發布上諭兩道；引見官員。十二日，引見官員；上諭鹽課事。十三日，時享太廟；壽皇殿行禮；幸圓明園。十四日，以削除允禩等宗籍，遣官告祭奉先殿；因上元節，在正大光明殿賜宴朝正外藩。十五日，復賜宴朝正外藩及內大臣、侍衛、大學士等。年節至此結束。

雍正七年（一七二九）十二月二十八日，歲暮祭祀太廟。雍正八年元旦，奉先殿行禮；太和殿祈穀禮預演。初二日赴天壇大享殿行祈穀禮；取消例行的年節朝賀禮，因為祈穀禮應在干支紀年月日的第一個「辛」日進行，亦可推至第二個辛日，雍正帝認為朝賀是給他的，祈穀禮是給上天的，不可推遲，故取消筵宴；貴州巡撫張廣泗奏報都勻府出現石芝祥瑞；普安州農田未插秧而生出二茬稻穀，雍正帝令下禮部知之；張廣泗還奏報古州有

▲紫禁城齋宮

二人拾金不昧，雍正帝命予賞賜。初三日，因臉頰長了一顆痘，提前宣布太廟時享改至初十日進行。初四日至初六日，均引見官員。初七日，予福建提督蘭廷珍喪葬銀。初八日處理官員任用事務。初九日，處理湖南倉儲事。初十日，太廟時享禮。十二日，祭祀明陵事。十三日，上諭嚴禁左道妖言；福建海關事；幸圓明園。十四日，浙江、江南滿洲駐防軍事。十五日，筵宴朝正外藩。

雍正帝過年的節目，必有在太廟、奉先殿、壽皇殿向祖宗行禮和大享殿祈穀禮，若在節間去圓明園，還有恩佑寺之祭禮。這類天祖之祭禮，表達了皇帝的敬意，同時也昭示清朝愛新覺羅氏政權的存續。各年的新節目，以當時主要政事而定，如雍正四年（一七二六）急急忙忙處置了允禩、允禟；雍正八年接受祥瑞之報，是在改土歸流已見成效之際，亦爲一種慶祝方式；而在雍正五年元旦，則沉浸在「黃河清」的頌聲之中。賜宴朝正外藩，亦係保留節目，參加的人員眾多，有蒙古親王、郡王、貝勒、貝子、公、台吉、塔布囊，筵席中奏樂，角觝戲，有頭臉的親王、郡王至雍正帝面前敬酒。雍正帝亦親自賜酒，並令侍衛給其他人布酒，筵宴後賜物。清朝優待蒙古的國策，於元旦筵宴朝正外藩禮儀中凸顯無遺。

總的看來，過年，當皇帝的亦不忘理事，甚至可以說「凸出政治」。休憩，也多少有一些。雍正四年賜宴朝正外藩之後，十六日至十九日的五天中，《雍正朝起居注冊》僅記錄關於允禟的一件事，《清世宗實錄》只多記一事。可知這五天幾乎沒有處理政務。二十日，雍正帝召見郡王允禮、錫保和大學士馬齊等人，說今日坐勤政殿等待諸臣奏事，竟無一人到來，是不是諸臣以爲朕駐蹕圓明園是圖安逸，故將應奏之事減省，不知朕來此是這裡水土氣味好的緣故，因此應如同在大內一樣理政。諸臣未必是這個原因，可能是節間休息之故。可以設想，正月上半月有那些典禮，如何歇得下來？節前節後，自動少做事，等於是補假了。雍正帝並不例外，年節前後要清閒一點。惟因身爲皇帝，比朝臣多操心罷了。極端熱衷政務的雍正帝，哪裡有眞正能夠休息的年節！

六、雍正帝的五十大壽

雍正二年（一七二四）十月三十日，是雍正帝萬壽節。他宣布停止朝賀筵宴。

雍正三年亦復如此，不過因喪服已滿，在壽辰日賜內閣九卿綵紬；朝臣有進獻書籍筆墨文玩的，他以君臣之間應該聯絡上下情誼，不應使尊卑之分過於懸殊，對諸臣應視為家人一體，是以不忍心一概拒收，於是視其人之誠心，收納一兩件筆墨之物。到了雍正四年春天，雍正帝料想諸臣可能以此為例，費心籌辦萬壽節貢物，特下諭旨制止。雍正四年十月初二日，康親王崇安暨諸王、貝勒、貝子、公、內閣大臣請求屆時為皇帝祝壽。雍正帝不准。諸臣復請，雍正帝乃說明不做壽的原因：康熙帝並非每年做壽，朕即位以來，事事效法皇考，力能做到的一定遵循照辦，不舉行誕辰慶典是容易學的事情，諸臣不必再作請求。屆期，雍正帝以生日遣官祭祀祖陵，特派弘曆往景陵祭祀，並親自到壽皇殿行禮，停止朝賀。

雍正五年（一七二七），是雍正帝五十大壽之年，恰有春闈，閏三月，會試舉人在京師寺院設立經壇，爲皇帝祝壽。雍正帝得知，於二十九日發出上諭，認爲此乃不合禮法的虛妄之舉，又讓士子破費，下令制止。這道上諭有兩點值得玩味：人家給他設壇祈福，他說是虛妄之舉，可是他是信佛的呀，後來還在宮中開法會。這裡的否定態度，只是表明他堅決不做壽，並表示他只相信天祖，相信天人感應，故而說：「朕臨御天下，孜孜求治，凡所行之事，惟以循理爲本，誠以理之所在，即天意所在，感孚默應，捷於影響。若朕所行悉合於理，則問心無愧之處，即可以對越神明，而輿情之頌祝與否，皆可置之不問；倘所行不合於理，則雖有祝釐祈福之繁文，正所謂獲罪於天，無所禱也。」說天人感應就說天人感應吧，又扯出不在意輿情的話。看來，他知道自己的名聲不好，耿耿於懷。這應當是隨後發生的曾靜投書案出奇料理的淵源。另外，上諭還說，經壇的創意者「必係生事浮誇之輩，本應查出問究，但念群情踴躍，聞風附和者多，姑免深究」。他眞是洞察秋毫，推測首倡者必有個人目的，只因附和的人多，不便究治。當然，這是冠冕堂皇的話，其實人家即使懷有個人企圖，也是給你皇上做壽呀，若懲治人家，不就太不近情理了嗎？了解人情的雍正帝自然不會去做這種蠢事。

連舉子都爲皇帝設立經壇祈壽，官場中人更會關切皇帝的五十整壽，早早做準備，尋覓上好的祝壽禮品。雍正帝在這篇上諭中也說到，他知道地方大員督撫正在爲此費心；並表示，爲加強君臣情誼，可以像雍正三年那樣收點不值錢的小禮品，價昂的玩物概不寓目

——連看都不看一眼，自然是退回去了。進而，他還講了提倡儉德、反對浮華的大道理，希望臣工遵行。

這份上諭還說到在康熙帝五十聖誕時，作爲皇子的他，爲得皇父的歡心，再三懇請康熙帝允准舉行慶賀大典，但未能如願。既然如此，皇考不做的事情，朕處處效法先帝，怎麼能自己做五十大壽!?他態度堅決，不准舉行朝賀大典，不建萬壽碑亭。

▲雍正朝製作的金胎包珊瑚雲龍福壽紋桃式盒

雍正帝五十誕辰那一天，確實沒有舉行朝賀盛典，沒有在張揚中度過。雍正帝本人，先去宮內的奉先殿行禮，而後出宮至景山的壽皇殿行禮，並派人到祖陵祭祀，表示生身有自，不忘父祖。至於宮中的家宴，依人之常情忖度應當是有的。這一天，《起居注》和《實錄》都沒有記載他理政的事，看來是休息了。皇帝也同常人一樣對待生日。

雍正帝在位期間，沒有舉行過一次壽辰朝賀禮；而且免掉筵宴，每次都是派人去祭祀祖陵，自己在宮中則去奉先殿、壽皇殿行禮，在圓明園則往恩佑寺行禮。雍正七年（一七二九）十月是小月，沒有三十日。遇到這種情形，生日就提前一天，在二十九日過。這年的十月二十九日，是冬至祭天的前三天，屬於主祭人齋戒三天的齋戒期。雍正帝就於二十九日起開始齋戒。齋戒的地點在大內東六宮南，仁祥門內，是雍正帝特爲齋戒修建的場所。誕辰之日做齋戒，祭天事大，生日事小，遵禮行事而已，好在他也不講究做壽。生日中不收重禮，爲昭示上下一體之誼，接受地方土特產，如陝西的藏香、河南的花果、湖廣的蓮藕茶葉、雲南的大理石，這也是古來職方之貢的意思，不違背古訓。

萬壽節是國家的三大節之一。但雍正帝從不做壽，不講虛熱鬧，不在這種事情中浪費精力，展現了他務實從政和效法康熙帝的原則，也表明他有高強度的自制力，能夠克服世俗的誘惑，具有堅忍不拔的毅力。

▲雍正朝黑漆描金百壽字碗上之印記

七、雍正帝的藝術情趣

江南織造進呈龍袍，雍正帝指示不可多所織造；臣工進獻文房四寶，他說珍玩不可工巧；

寫硃諭的小紙條，裁成兩三寸寬，有如今日的便箋，顯示了他的節儉；大學士張廷玉眼見他吃飯時，將掉下的飯粒，撿起來吃掉。諸如此類，似乎雍正帝在生活上非常節儉，很不講究，隨意得很。其實不然，他在許多方面是非常講究的，也是非常挑剔的，不惜花費金銀去追求完美。他令內務府仿製西洋望遠鏡、溫度計、玻璃眼鏡，不惜工本。他令西洋畫家畫進貢的貓狗，審查畫稿，指出畫中尾巴的長短，要求改進，表現他欣賞的情趣，也透露出那樣認眞的態度，如同對待政事一樣。還讓西洋畫家繪畫瑞穀圖，與他提倡報祥瑞的政治意圖相結合。他對宮中使用器具的製作甚爲上心，木器家具的樣式改而又改，不怕重作，到滿意爲止。雍正帝尤其有興趣於自己的藝術造型、藝術形象。傳世的許多雍正帝姿態各異的畫像，還有雕像，反映了他的生活情趣和欣賞情趣。

雍正帝的畫像，有很多類型，主要是朝服像和行樂圖。有一幅皇子時代的讀書像，畫面是一個青年男子，微鬚，滿服便裝，正襟危坐，目視前方，右手持一本打開的書貼近於胸前，身邊放置線裝書一函，函套開啓，表示書由函中取出。這一函書，增加了畫面的讀書氣氛。整幅畫面簡單流暢，凸出表現了皇子胤禛讀書時的神態。可是，說他念書吧，畫中人並沒有注視書本在閱讀，也沒有凝神沉思於書中意境。畫中人給人的印象是好學而有大志，並非尋常之人。據記載，胤禛十歲時，康熙帝率領諸皇子至皇太子允礽書齋，在書案上隨意取出十餘冊經書，令皇太子師傅湯斌從中任意選擇，令皇子各讀數種。胤禛應令，誦讀聲音朗朗，純熟無礙，舒緩有致，康熙帝因而說皇子俱能讀書。雍正帝自幼就熟讀詩書，是以能理直氣壯地對臣工說，你那點學問，朕在孩提之時就知道了。這幅畫，實係雍正帝皇子時期的讀書寫眞。

▲雍親王讀書像

朗吟閣行樂圖。康熙帝賞賜給胤禛花園圓明園，朗吟閣就在園內，是胤禛的書齋。這幅畫畫的是皇子胤禛觀賞仙鶴、麋鹿，故謂行樂圖。畫面正中，朗吟閣匾額下牆上的圓形窗戶，窗簾捲起，露出三個人物，第一人爲胤禛，臨窗端坐在扶手椅上，直身前視，眼睛大睜，端莊之外，看不出面部表情；他身後，站立著一個小童，面露喜色，應爲侍候胤禛讀書的小太監；小童後面，站立著一個微鬚的中年男子，面露微笑，似是侍陪胤禛讀書之人。胤禛的右前方是一隻挺立於異石之上的仙鶴，面向胤禛張著嘴，似乎在向主人鳴叫。左前方有一隻昂首俯臥的公鹿，一隻昂首直立的狗，均朝向胤禛。狗和鹿隱身在巨樹之間。鶴的旁邊還有一個太監，正在移動腳步，應該是管事的太監。雍正帝的左後側是書案，上置筆筒、書架，還疊放有一函函圖書。這個場景描繪的是胤禛讀書疲倦時，稍事休息，觀賞園中飼養的鳴禽走獸，調

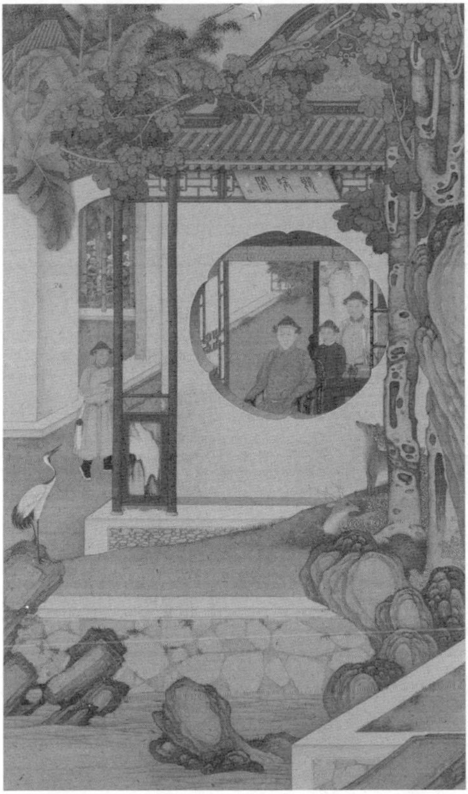

▲胤禛朗吟閣圖

劑精神。既爲行樂圖，卻是端坐不動，沒有去親近仙鶴，甚至面無表情，這樣的喜怒不形於色，符合親王皇子的身分。設若走近鳴禽，就有輕佻、不莊重之嫌。畫面中的仙鶴，寓意吉祥如意，是主人有好前程的徵兆。

另有一幅晨讀圖。在花園一隅，雍正帝盤腿坐在有墊子的花石上，左側小童呈遞一函圖書，右後側石桌正中的坐者右手握筆，面前是簿籍硯臺，桌子邊上一個虯髯老者，一手撚鬚。畫面之意，大約是雍正帝在講述讀書心得，撚鬚者欣然會意，握筆者準備記錄雍正帝的精彩言論。

康熙帝曾製作《耕織圖》，頒行天下，以表示天子重視農桑，勸農、教農勤業。時爲雍親王的胤禛仿而行之，請人繪製了一套農桑圖。其中，《耕織圖》裡的農夫、農婦，竟然是以他和王妃那拉氏爲對象畫的，即他以農人自居。一幅育秧圖，一條小河潺潺流過，河岸一邊是一塊塊尚未插秧的稻田，另一邊是樹叢掩遮的農家，

▲胤禛耕織圖・耕

中間有小橋，還有彎曲的小道。水面上有兩隻飛鳥，低空追逐嬉戲，畫面的特寫鏡頭是以胤禛形象畫的農夫。他身子兩側各有一隻糞桶，面對育秧田，手持長柄舀子，正往田裡澆灑糞水，在施肥育秧。胤禛後方的小路上，一位挑擔的農夫，在往前面送糞水，供應胤禛施肥。直觀畫面之意，農夫辛勤勞作，世道祥和，農家歡樂。另一幅犁地圖，胤禛模樣的農夫披著蓑衣，兩足在水中，左手扶犁杖，右手揚鞭，壯牛昂首奮力拉犁前行。這是耕犁水田，爲插秧做準備。胤禛夫婦自比農夫農婦，是做出姿態給康熙帝看，表示追隨父皇，重農務本，也暗示了自己的淡溥情懷——在眾兄弟爭奪儲位時，他能潔身自好，唯以父皇事業爲重。胤禛特立獨行，表演得相當成功。

雍正帝在位期間，有一幅佛裝像。這並不令人詫異，因爲他信佛。畫面上，雍正帝端坐在一片山石之間，背後是椅背形的石頭，象徵佛座。他身著喇嘛裝，右手持念珠於胸前，目光炯炯，嘴角兩綹翡鬚，略顯慈祥狀。這幅畫印證了雍正帝信仰的是藏傳喇嘛教，並非漢化佛教——儘管他與不少漢化佛教僧侶交往。他在皇子時期的師父是章嘉呼圖克圖，係蒙古地區藏傳佛教的首領。他作親王時的王府就是現在的雍和宮，後來成爲喇嘛教的重要學府。可見，這幅佛裝像的出現絕非偶然。在畫面中，還有一條張口吐信的蟒蛇，筆者不通佛學，不知其意。

雍正帝另有一幀道裝像。深山之中，巨石嶙峋，古松挺立，一道瀑布飛流直下。不知是水濺出來的霧，還是飛雲，形成團團祥雲。雍正帝身著一套道裝，坐在蒲團之上，略呈仰姿，神情輕鬆，顯得非常飄逸。其對面是一位打坐的道裝者，人形略小，凸顯了雍正帝的主角地位。兩人之間有一彷彿自天而降的寶葫蘆，暗含有仙藥在內。雍正帝與道士往來密切，利用道士治病，煉丹製藥；而讓他驟然上西天的也是丹藥。

▲胤禛道裝雙圓一氣圖像

更令人驚奇的是雍正帝的西洋裝束像（西服像），共有兩幅。一幅是半身像，頭套西洋捲髮之假髮，穿著大衣，左衿處有一圓形物，似爲胸前別針，頸部圍著打了一個結的圍巾。另一幅是獵獸全身像。雍正帝站在山間的老虎之前，上半身的髮套、大衣與半身畫像相同，不過圍巾打了兩個結。他足登長統靴，雙手持鋼叉，向猛虎撲去，意欲將老虎扎死。雍正帝的武功顯然比不上其父，但也說得過去。在他十歲那年，康熙帝在測試他讀書能力的同時，還讓諸皇子射箭。康熙帝評價說，胤禛的箭術比長他六歲的皇長子允禔好。十歲的比十六歲的強，可見箭術不差。兩幅西服畫像說明，雍正帝對西洋文明頗感興趣，至少並不反感，否則怎麼會穿西裝，戴西洋假髮!?由他圍巾打結方式的不同，可知他試穿西服不止一次，擺姿勢讓畫師作畫的時間也一定不少。這說明，他有這種閒情逸致，或者說閒情雅致。

▲雍正帝洋裝像

《平安春信圖》由義大利傳教士郎世寧繪。畫面上爲父子兩人，長者是雍正帝，少者是皇子弘曆。兩人側面相向而立，漢裝，緊挨身邊的是一人一竿竹子。雍正帝右側另有三株竹子，竹旁是花石；弘曆左後側一方几，上面陳放著文房古玩。圖畫將畫中人置身於優雅的花園一角，顯示出主人淡雅高潔的志趣和父子深情。畫的右上方，有乾隆帝於乾隆四十七年（一七八二）的題款：「寫眞。世寧

▲胤禛行樂圖・刺虎

擅繪。我少年時入室，皤然者不知此是誰。」他指出這是寫實之作，然而卻開了個玩笑——「皤然者不知此是誰」。郎世寧爲雍正帝作畫不少，那兩幅西裝畫，可能也是他的作品。

雍正帝塑像一尊，便服，端坐在狹窄的扶手椅上，兩足蹬在踏板上；若非左手肘放在椅子扶手上，讓人覺得似乎是站立的。他的面部神態，笑容可掬。堂堂皇帝，拿自己的尊容雕塑這種小玩意，實在讓人難以想像。然而，擺在我們眼前的實物說明，雍正帝還挺欣賞它的。看來，雍正帝也頗有幽默感，令人捧腹。

▲清 郎世寧《平安春信圖》

雍正帝的朝服像和果親王允禮繪製的《世宗憲皇帝聖像》，面部均露笑容，一臉慈祥氣。那些行樂圖的臉部輪廓，有的下頷略顯尖瘦。可見，雍正帝顯然不胖，是以總說別人胖了好。在所有畫卷中，雍正帝的臉型大致相同。畫幅無疑不是出自一人之手，但表現出的體貌特徵和神韻氣質如此相近，展示了畫家的深厚功力。

描繪雍正帝扮演各種角色的行樂圖，真是有趣。讓人萬萬想不到的是，以刻薄寡恩著稱於世的雍正帝，對藝術有執著的追求與欣賞力。事實表明，他有生活趣味，好奇心很強，對各種領域——宗教的、西洋的、人世的以及虛幻世界，都有濃厚的興趣。繪畫、雕塑給他的生活增添了許多色彩。從這方面看，他的生活並不單調。藝術活動中的雍正帝，展現了他多樣性格中的另一面。

八、雍正帝的養生之道與身體狀況

關於養身之道，雍正帝在給延信的硃批中有一番議論，頗有見地，然而他自己未必做得到。

事情是在雍正五年（一七二七）春季，西安將軍延信恭上請安摺，雍正帝就此用滿文、漢文寫出養身之道的硃批。滿文譯成漢文是：「（朕）並非善長養身，實因朕殫竭丹誠，而蒙上蒼及聖祖皇考之天神庇佑所致。爲國爲民而竭誠，天神必將施恩，朕篤信此理。若一切爲己，儘管善於保養，無用矣。近數年內，朕委身殉國，不曾調養，荷沐天恩，安善如此，甚是明顯。」漢文硃批是：「所以太上言『外其身而身存』，此言的確。」

▲雍正帝觀花行樂圖（局部）

雍正帝在這裡袒露心扉，並告訴臣工他對保養身體的見解。其一，自有養身之道。他不像一般人那樣講求身體的調養，進行食補，也不理會一般人理解的那種養身之道，自有他所認定的法則。其二，篤信天祖保佑。一心爲國爲民，並且做到殫精竭力。這樣的忠誠，天祖必然施恩，保佑其身體安康。對這個天人感應的道理應該絕對地虔誠，必須篤信不疑。其三，遵循老子「外其身而身存」的格言，心地純潔自然就心寬體胖。心繫國家百姓，爲他們操勞，將自身置於度外，沒有私心雜念，不搞邪魔外道，身體就健康了。

不難看出，他所說的養身之道在於信念——天人感應、無爲之道，獲得精神力量即實現身體健康。他的見識有其道理，卻有片面性；他本人亦不能全部踐履躬行。當一種精神激勵人的行爲，變成一種能量，人就有充沛的精力去做事，能夠完全不覺得疲倦。如果進行的是有益社會的事業，自己又沒有私心摻雜其中，心地單純，不與他人糾纏是非，就能做到擺脫干擾，身心愉悅。於是，事情做得多，做得好，怡然自得，身體也能康健如常。

不可否認，精神力量是巨大的，但是精神不是萬能的。精力再旺盛的人，也僅能夠短時間支撐高強度勞作；如若不做休整，不事調養，長久下去，身體就會吃不消，疾病就來找麻煩了。雍正帝自己就是絕好的例子。令人難以想像的操勞，處於政治鬥爭漩渦中的他，哪裡能夠做到心寬體胖？他的身體不時地出毛病。這與他並不眞正懂得養身之道關係非淺。

雍正帝自云，雍正五年（一七二七）春天以前身體安善。即便如此，也有小病。時間是在雍正元年（一七二三）春夏季節。雍正元年九月初一日，山西巡撫諾岷上奏摺，請求雍正帝保養聖躬，說他「聞知聖顏憔悴，不勝憂慮」。雍正帝卻以「朕躬甚安」作答，並要對方「放寬心」。憔悴，就是病容。雍正帝還在署理撫遠大將軍印務、貝勒延信雍正元年九月初七日請安摺上硃批：「朕躬甚安，已恢復了原貌。」又在閩浙總督滿保同年九月十一日的請安摺上寫道：「朕躬甚安，業已復原。」兩江總督查弼納同年九月二十一日請安摺上的硃批是：「朕躬甚安，已恢復原貌矣。」一再說恢復原貌，證明他在春夏之時，身體有所不適。試想，新登基，連續辦理了康熙帝和孝恭仁皇后兩件大喪事；處理政務尚不熟悉，又加上因繼位而產生的政治鬥爭，身體出點事是自然的。隨著諸事辦得順遂，適度休息，也就挺過來了。

雍正七年（一七二九）以前，雍正帝的健康狀況比較好。他喜歡說胖，以胖爲健康的標準。諾岷雍正元年（一七二三）十二月初五日請安摺上的硃批說：「朕躬甚安，比去年冬天又胖了。」延信雍正二年正月二十六日請安摺上的硃批曰：「朕躬安。很好，已發胖許多。京城內外甚爲太平。」表示京城情況理想，心情愉快，所以發胖了。在雍正二年五月初八日查弼納的請安摺上，他寫道：「朕躬頗安。因屢蒙上天照管，所以心寬體胖。」再次表示自己心寬體胖，身體正常。雍正帝在黑龍江將軍那蘇圖雍正七年閏七月初十日的請安摺上寫道：「朕安。今年

▲太醫院印

夏季京城甚熱，朕躬無甚妨礙，較之往年益加強健。」關於身體，在胖之外，他常談到怕熱。他有過中暑史，對熱產生了畏懼心理，度過夏天，心情就更好了。總的說來，在雍正七年秋天以前，雍正帝的健康狀況尚好。

雍正七年（一七二九）冬天至雍正九年夏天的病患，是雍正帝的一劫。雍正八年正月初三日，雍正帝因臉頰長了一顆痘，公開宣布改變太廟行禮的日期，發出了身體不好的信號。當時，工部尚書李永升看到雍正帝下頦長出疙瘩，不知是什麼病，作爲臣工更不敢過問。其實，雍正帝的病症是寒熱不清，不思飲食，夜不能寐。正是在這種情形下，他令心腹督撫推薦醫生，僧道中人均可。道士賈士芳奉詔治病，因不見效果及行爲怪異而見殺。因病情嚴重，雍正帝已開始做料理後事的準備。他令大學士張廷玉、鄂爾泰先後知道他放在乾清宮正大光明匾後的傳位遺詔之外，另寫一份，放在圓明園寢宮。後來，不知經過怎樣的治療，雍正九年夏天，雍正帝的身體復原了。

雍正九年（一七三一）秋天以後，雍正帝在復原中，有時生出小病，或者是小病纏身。現因史料匱乏而無法認定。雍正帝在親王丹津多爾濟雍正九年十一月十八日的奏摺上書寫：「朕躬甚愈，且已復原，毫勿爲朕擔憂。」又在他雍正十年六月初九日的請安摺上寫道：「朕躬頗安，爾好麼？朕此二年染疾，今已痊癒。」靖邊大將軍錫保雍正十年十一月十五日的請安摺得到硃批：「朕躬甚安，朕病已退。」一再說康復，但似乎並未復原，

▲「御藥房圖記」印

仍在復原的過程中。

到了雍正十一年（一七三三），雍正帝病了一場，但好得較快。護軍統領永福於雍正十一年三月二十五日奏報他祈禱聖躬萬安的事，說：「先聞聖躬欠安，奴才哭泣祈禱於天，將聖主患此瘧疾，我願己身加二倍病之，亦祈禱聖躬萬安。」雍正帝硃批：「永福胡奏之語，不成體統。胡說之極。果應其言，亦奇事也。」雍正帝患瘧疾，永福祈禱上天，願意加倍減少自己的壽數，爲皇帝減災，表現出一片忠君的赤誠。雍正帝雖然說他胡言亂語，可是又說他做得靈驗，說明雍正帝的瘧疾病好了。到了雍正十三年二月、六月，在侍郎傅鼐、定邊大將軍福彭、左翼副將軍策凌分別寫的奏摺上，雍正帝均批寫「朕躬安善」的話。雖是套話，也多少反映了實情：並無重病。然而，此後兩個月，雍正帝突然駕崩，是爲意外。

雍正帝的養身之道，仰賴天祖保佑，不能說沒有一點道理。心地純潔，依理行事，心情愉悅，心寬而體胖、而體健，是可能的。這是好心情帶來的，是摒棄無謂煩惱的結果，倒不見得是什麼天祖保佑。但是，相信天祖保佑的人，因而棄惡從善，排除雜念，獲得善果，也不必忽視這種心理作用對人行爲的影響及其良好後果。無論如何，心地善良的人可能健康長壽。雍正帝表彰長壽老人時，亦講了這個道理。或許，這是人之共識。

說說心寬體胖容易，做到就難了。當皇帝的人政務繁雜，日理萬機，如何能夠心寬？康熙帝說爲君苦，是眞實的心聲。皇帝多享年不永，人或謂爲生活上的荒淫無度所致，康熙帝即予批駁。性欲無度而短命的皇帝有之，然能否成爲定則，需要深入研究。政務煩勞，心神不得安寧，心既不能寬，體焉能胖？如何能夠健康長壽？皇帝壽命不長，除遺傳基因等因素之外，有沒有適宜於自身的養身之道也是重要原因。他們中的一部分人因皇帝的地位而做不到心寬體健。況且，包括清朝人在內的古人，壽命都不長。有學者對某個朝代做過人口平均壽命的研究，平均年齡只有四十歲多一點。雍正帝活到五十八歲，在當時已經算是老人了。作爲皇帝，人們不敢用「老」字來形容他的年齡；而是弘曆說他是「皤然者」，可見他肯定超過當時的平均壽命了。皇帝的物質生活條件好，活得長一點是理所當然的事。不過，話說回來，雍正帝既講究養身之道，又不能完全實踐，是他身體吃虧之必然。所以，他想用服藥來補救，下面即作交代。

九、研製丹藥與服藥

關於雍正帝煉製丹藥，楊啓樵在《揭開雍正皇帝隱秘的面紗》書中多有揭示，讀者可參閱。這裡僅就臣工奏摺的硃批，即雍正帝自己所說的製作藥品情形作出說明。

雍正三年（一七二五）春天，湖北巡撫納齊哈患腹痛病。雍正帝賞賜他膏藥和平安丸，配合湯藥，服用見效。雍正四年下半年，雍正帝賜給雲南巡撫鄂爾泰丹藥既濟丹。據服用者說，食用一個月後大有功效，看來能治他的病症。雍正帝同樣將既濟丹賜給河東總督田文鏡，說這個藥自己正在服用，沒有間斷。他爲開導田文鏡食用，說既濟丹「性不涉寒熱溫涼，徵其效亦不在攻擊疾病，惟補益元氣，是乃專功」。雍正七年（一七二九）春天，雍正帝向黑龍江將軍那蘇圖賞賜錠子藥，並說「此藥，爾稔知之矣，甚好是實」。

▲御藥房的銀藥鍋

無疑是再次賜予了。雍正帝還兩次賜藥金雞丹予靖邊大將軍錫保及蒙古王公。至雍正十年夏天，又送去改進的新品，說是藥力強而好，服用方法是隔兩三天吃一丸。看來這是補養品，並不是特別治療某種病的藥物。他還說此藥是「很好的東西，朕親服甚多。有益無損之藥也」，「好藥，朕多試用，毫無擔憂之處」。雍正帝自己以藥物進補，也讓親信臣工服用，而且告訴他們，不必擔心有副作用。雍正十一年（一七三三），雍正帝賞賜大將軍、平郡王福彭一瓶藥，並說此藥「奇佳」，每日食一丸。還令福彭謹慎送交賞予副將軍、親王策凌及塔爾岱、常德、永福等人的藥品。他頻頻送藥，似乎向臣工賞賜藥品成癮。雍正十二年春天，他賞賜蒙古王伊達木札布新得的「一種珍奇藥品」，與以前所賜的金雞丹可以一同服用。又說此藥並非是上火發燒性質，服後稍有熱感是好事，不要有任何顧慮，乃保元氣之藥，絕不要停服。

雍正帝給大臣的藥品，有既濟丹、金雞丹，還有沒有具體說明名稱的所謂珍奇藥。即使是金雞丹之類，他也在不斷地研製改進，製造升級產品。製成之後，親自服用，也讓臣工服食。這是否帶有試驗性質？他說不

▲御藥房的瓷藥缽

▲「太上老君驅邪寶」木印，這是雍正帝延請道士進宮煉丹時為其製作的憑信

是，讓人放心使用。看他那麼熱心，倒令人有點懷疑他在關懷臣工身體健康之外，是否具有試驗性了。他的藥品，有治療作用，不過更重要的是補益元氣，是補藥。這是他明確說明的。雍正帝研製藥品、服食藥品，不在治病，而在進補。這是他的身體狀況所決定的：不時犯病；操勞過度，需要補藥，恢復元氣。

對於雍正帝的死因，有中風、丹藥中毒、被刺客所殺三種說法。我傾向於丹藥中毒說。但是，服用丹藥，僅僅是促成他的暴卒。究其根源，在於他勞累過甚，身體透支嚴重，因而求助於補藥，誤食藥石而死。所以，筆者的表述是：雍正帝是操勞過度，身體虛弱，小病纏身，誤食丹藥而暴亡。不能簡單地說成是中毒身亡。即便如此，雍正帝的死也是不光彩的。一代明君，縱然身體不好，也不應當迷信於藥石。

雍正帝自幼經過嚴格的讀書習武訓練。他感戴天恩祖德，篤信天人感應之說。當了皇帝後，他賦有朝乾夕惕的品格和洞察事物的能力，以「工作狂」的熱情處理政務，憑藉雷厲風行的作風，迅速改變政壇風貌，治績顯著。人的性格都具有多面性，雍正帝亦然，多疑、殘忍、刻薄與慈愛、眞誠的交織；富有自律力，不隨俗，不做壽，有時又放縱，失去理性，如癡迷藥石而身亡；勤政的同時，追求多種多樣的生活，講求物質的享受，以及藝術生活的享受。要之，不要誤解雍正帝，以爲在朝政之外他全然沒有休閒生活，儉樸之外沒有奢華的方面，殘忍之外沒有仁慈的一面。從各個角度，從多方面觀察他，或許才能夠對他有較爲全面的認知，既不攻其一點不及其餘，也不全面頌揚，脫離其實際。

第六章

雍正帝的歷史地位

雍正帝在位期間所做的事情，不再多做介紹，本章關注的是他的歷史評價問題。他所開創的政治、經濟革新，繼續進行了嗎？抑或是曇花一現？蓋棺論定，他是一個怎樣的歷史人物？他生活在中國歷史上的最後一個君主專制王朝（人們通常所說的「封建」王朝），又不是開國之君，似乎歷史並沒有給他提供更多的活動空間。然而，由於他變革「數百年頹風」，所以，我們需要從他所處的時代和歷史長河兩方面加以考察。在人品方面，雍正帝打從繼位起，就被咒罵，時至今日已近三百年了。人們為什麼如此不依不饒？我們亦有探究的必要。本書篇幅有限，不可能對這些龐大、複雜而極具爭議的歷史問題進行深入的剖析，僅能作出提綱式的解說。

一、從乾隆初政看雍正帝的改革

乾隆帝（弘曆）繼位初年，改變了雍正朝的一些政策和雍正帝的革新制度，在社會上掀起一股不大不小的翻案風。

其主要表現是：社會政策方面停止報祥瑞和路不拾遺的獎勵；農商方面罷開墾，裁撤直隸營田水利衙門；對某些欽案局部平反，如允禩、允禟的子孫恢復宗室身分。對於改土歸流，乾隆帝在骨子裡是反對的，故云「……奏

▲乾隆帝朝服像

▲軍機處值房

開墾，改土歸流，改隸州縣，所云揆之人事則悅耳，論之陰陽則傷化」。可是，雍正末年改土歸流地區發生暴動，皇子弘曆（後來的乾隆帝）被指定爲平叛的負責人之一，因而，此時他不得不將軍事行動進行下去，直到平叛結束爲止。對耗羨歸公及與之緊密關聯的養廉銀制度他也持保留態度。他表示，是減少還是取消耗羨之事，需要從容考慮。直到乾隆七年（一七四二），殿試策論以此爲題，令貢士出謀獻策。而朝臣們認爲，耗羨歸公是善政，可以行之久遠，不能輕易改變。乾隆帝這時也認識到，那是不得不行的制度，決心堅持。雍正朝的軍機處，乾隆帝繼位即予取消，及至乾隆二年（一七三七）十一月諒陰期滿，取消佐理政務的總理事務王大臣，才恢復軍機處。可見改土歸流、耗羨歸公、軍機處三項制度，是乾隆帝經過猶豫，甚至廢棄之後，才堅持下來的。

雍正帝創立的攤丁入畝、秘密立儲、養廉銀等制度，完善的密摺制、引見制，乾隆帝繼位即堅持實行。乾隆初政的翻案風，糾正了雍正朝打擊皇族中的政敵、處置各種欽案過嚴的行爲，起到了穩定社會的作用。乾隆帝開始就實行及猶豫後繼承的前朝制度，使得雍正、乾隆兩朝制度具有連貫性，說明乾隆朝制度對雍正朝制度的繼承性。雍正帝創立的各項制度，儘管在乾隆初政期間，有的有所周折，最終大多堅持執行，一以貫之，終有清一代而未改易。這表明，雍正帝的更新並非曇花一現，而能行之久遠；在傳統社會中，是適合世情的、不可改易的制度。

乾隆帝對雍正帝事業的繼承與更易，在於政治理想。雍正帝的理想政治是實現中庸之道，故令臣工編輯《執中成憲》一書（乾隆初年問世）。他說：「朕觀堯舜授受心法，惟有一中治世之道，必事事合乎時中，斯爲至善。而歷代史冊所載，帝王之舉動言論，每於中道之權衡未能悉協者，大抵由於時勢之所值不同，而政治訓詞亦因之而有偏向，後之論者遂不能無疑議於其間。朕意欲將經史所載歷代帝王之嘉言懿行合於大中至正之道者，採錄編輯，纂爲一書，以紹執中建極之心，傳爲萬世子孫之法鑒。」他發現前代帝王訓詞有偏向，在於所處的時事不同。故而，他強調「時中」，行適合於時之政。儘管他不承認自己爲政嚴苛，但也知道寬嚴不協調，認爲自己沒有福氣實現中庸之政。他的暴亡，留下了終身遺憾。他所講的中庸內涵，關涉政策的寬與嚴兩方面。他實行的是嚴猛政治，他要創造能夠實行寬鬆政治的條件。寬與嚴，是行政的總綱領。乾隆帝總結父祖及自己三朝經驗，認爲祖父康熙帝實行的是寬仁政治，但晚年出現政事廢弛的狀況；父親雍正帝過嚴；因而，他就要實行「寬嚴相濟」的方針，以求達到中庸境界。從寬、嚴對立，到寬嚴相濟，在於時勢，也在於君主對時勢的認知，康、雍、乾三世，總結治理經驗，代代相承，才創造了那個時代所能有的治世。

雍正帝的革新，由乾隆帝繼承之後，成爲清朝的政治遺產，流傳後世。實際上，它也變成皇家的、社會的精神財富。嘉慶、道光年間，君臣、士人都感到社會問題嚴重，朝政難以爲繼，希望更新變法，於是就想到雍正帝和當日的朝政，於是閱讀那時的著述，大加頌揚，從那裡汲取精神營養。嘉慶帝對祖父的政治作出的概括是：「整綱飭紀，立政明倫。」他將改革作爲雍正一朝的政治總綱予以稱道。學者章學誠在〈上韓城相公書〉中，鑒於嘉慶朝有待革新，希望以雍正朝的嚴猛政治和勵精圖治爲榜樣，改善朝政，故云：「康熙末年積弊，非憲皇帝不能廓清至治。」道光

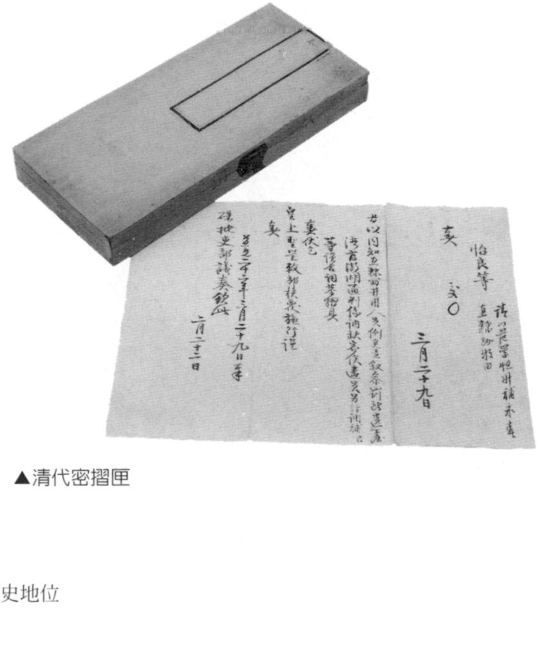
▲清代密摺匣

帝頗有向其曾祖父雍正帝學習的願望，閱讀《清世宗實錄》，要求督撫州縣把雍正帝關於「爲政之道，以愛民爲本」的上諭恭錄懸於大堂，作爲行政準則。他試圖像雍正帝實行耗羨歸公的政策那樣，限制地方官濫徵附加稅，但是沒有成功。同治、光緒之際，原任御史吳可讀爲同治帝爭立繼嗣，上疏推崇雍正帝的儲位改革，謂其「詒謀之善，超亙古而訓來茲」，請求兩宮太后採納他的意見。雍正朝以後的清朝人，一想到朝政的振興，往往就追憶雍正帝的改革，心嚮神往，希望有所借鑒，將雍正朝的革新精神作爲當代更新的一種動力。

▲嘉慶帝漢裝像

二、雍正帝改革的歷史意義

1.雍正帝整飭弊端的革新綱領精神

雍正帝的施政宗旨，見於他在雍正五年（一七二七）十二月初五日諭旨中所宣布的，「朕勵精圖治，整飭弊端」；同年正月十七日諭旨說的「振數百年頹風」；同年二月初三日針對科舉積弊說的，「將唐宋元明積染之習，果能盡行洗滌，則天下永享太平。」他的革新對象雖是現行弊端，但卻是數百年歷史遺留下來的，是以難度巨大而意義深遠。他在位的短短十三年間，完成了幾件在中國歷史上都堪稱重大的事情（重大制度）的改革和創新，即創立耗羨歸公和養廉銀制度、攤丁入畝制度、秘密立儲法、軍機處制度，以及大力推行改

▲雍正壽山石「兢兢業業」璽

土歸流、除豁賤民、保甲制政策等。這裡不再交代這些制度、政策的內容，只是說明它們的實施意義。

2.革除歷史上的制度性積弊

分別徵收人口稅和財產稅，是中國賦役史上的一貫做法；而且人口稅的徭役很重，在歷史上常常成爲農民造反的根由或爆發點。爲此，歷代王朝不斷進行改革，如唐代楊炎改變租庸調法，實行兩稅法，令賦役合一，按照包含財產、人丁在內形成的戶等徵稅，其人口稅在賦役中的比重要比租庸調法有所減少；明代張居正制定了一條鞭法，統一役法，役銀不再像以往按照戶、丁徵稅，改從丁數和田糧徵納，於是田糧多者役銀增加，部分地實行攤丁入地。

雍正帝的攤丁入畝制度，是全面實現人丁徭役稅從土地稅徵收的制度，使得人口稅與財產稅合一。於是，無地人口，不再有人口稅的徭役負擔；有田產的民戶增加了土地稅額。所以，攤丁

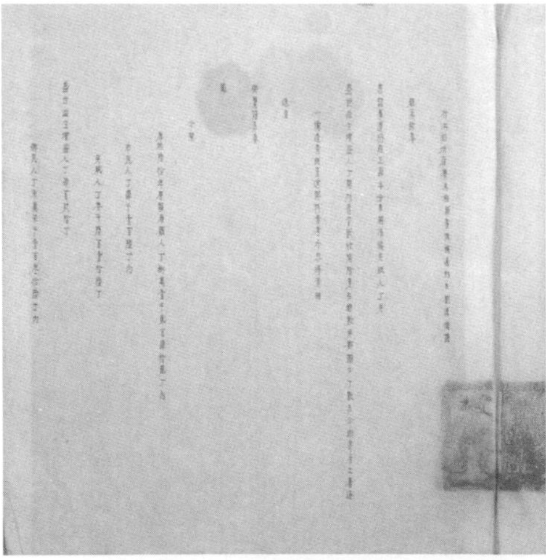

▲《浙江烏程縣盛世滋生冊》（康熙末年戶口冊）

入畝實質上是政府從人口稅、財產稅分徵轉變爲徵收單一的財產稅。攤丁入畝，對於政府講沒有減少稅收；而對百姓講，沒有名義上的人口稅了。這是賦役制度前所未有的革新，是繼承唐朝、明朝的改革，又是歷史上所有改革家所未能想像、未能做到的賦役合一。賦稅是政府的經濟基礎，政權的維繫及生存狀況均視賦役的徵收情況而定。賦役制度的改革，關係到政府的命運，被政府視爲維繫生存之舉。

稅外的羨餘，也是歷史產物。唐代兩稅法時，就有「用度羨餘」，貢獻皇帝。明代實行低俸祿制度，地方官以徵收耗羨自行增加收入，又因明朝後期加派嚴重，鬧得民不聊生，王朝覆滅。雍正帝的耗羨歸公與養廉銀制度一併實行，限制耗羨徵收的成數，法定地方官員的辦公費和生活補助費，於是有效地控制了耗羨的濫徵，解決了歷史形成的耗羨過度徵收的積弊。雍正帝剔除的是數百年的歷史積弊，很難，但是成功了。

中央政府對西藏的治理，歷來是通過喇嘛教首領及其治下的噶布倫機構進

▲《皇清職貢圖》之「藏人」

行的。康熙末年派兵進藏，驅逐準噶爾勢力，隨即撤出軍隊，及至雍正五年（一七二七）平定阿爾布巴之亂，派遣駐藏大臣，監督西藏地方政府，並派軍分駐前藏、後藏。到乾隆年間，由駐藏大臣主持新達賴喇嘛人選的抽籤儀式和坐床儀式，共同處理對外事務，正式形成駐藏大臣制度，加強了中央政府對西藏的管理力度。雍正帝派遣駐藏大臣和駐軍，是駐藏大臣制度的濫觴，是中央政府加強對西藏管理新階段的開端，意義非同一般。

▲《皇清職貢圖》之雲南「麗江等府怒人」

對西南少數民族地區的治理，元朝開始實行土司制；明朝在土司衙門設置輔佐性的流官。雍正帝全面推行改土歸流政策，給予大土司爵祿，讓其離開本地；由中央派遣流官治理該地，使得土司治區成為中央管理的州縣行政區，從而加強了中央政府對邊疆的控制力，同時有益於當地經濟文化的發展。改土歸流是大趨勢，歷經數百年，到雍正帝時期得以實現。

歷朝政府對民間的控制，主要實行戶籍編審制度，輔助以保甲制，但後一制度只是在特定時期才予以強調，如北宋王安石變法推行保甲法，明代王守仁（陽明）在贛南地區亦曾實行。雍正帝實行攤丁入畝制度之後，沒有必要再進行戶籍編審了，而且每次編審的行政成本很高，因此不再進行；而推行新的保甲制，將調查戶口和維持治安兩項內容合一，凸出治安管制的職能，以便控制民人，穩定地方社會秩序。全面推行的保甲法，改變了政府在州縣之下無機構的狀況。它與雍正帝推行的另一政策——族正制相結合，形成了對民間的統治網。直到民國時期，保甲制仍在實行。從歷史的角度來看，雍正帝的保甲制，是保甲史上的劃時代之舉。

賤民中的樂戶，始於明初；墮民可能出現於宋元時期，至晚產生於明初；蜑戶的產生，不晚於元明。賤民都有三百年以上的沉淪史。雍正帝宣布將他們一一解放，雖然不能完全實現，但畢竟有了脫離賤籍的可能。

雍正帝改革的各項制度和社會問題，都是歷史形成的，都有長達幾百年的累積，所以他解決的雖是當前的社會問題，實際上是清除歷史積弊，是革故鼎新，難度大，意義也大。

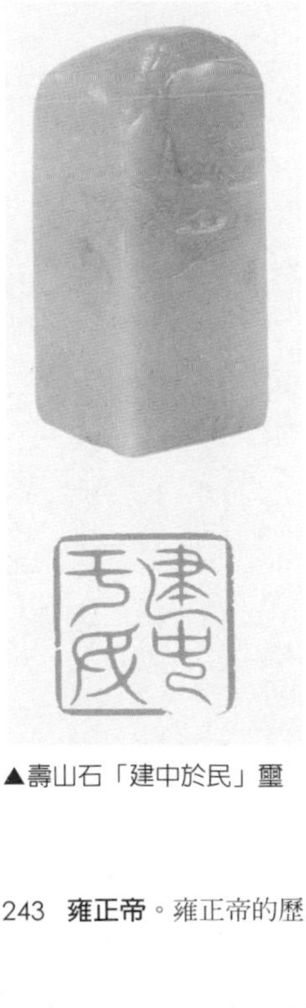

▲壽山石「建中於民」璽

▲清人繪《西域總圖》

3.清朝的承前啓後者

前面，我們從歷史長河來看雍正帝改革。現在，再就清朝來講。雍正帝是清朝盛世的創造者之一，是康乾盛世的承前啓後者。筆者曾經將康乾兩朝的治績比作兩個山峰，認爲雍正朝是夾在當中的又一座山峰。雍正帝在清朝的承前啓後地位，是國內外史學家的共識，無需多言。

從疆域底定來說，清朝要想北方、西北、西南邊疆穩定，必須解決新疆準噶爾蒙古的歸服問題。康熙年間準噶爾是攻勢，騷擾喀爾喀蒙古，狂妄宣稱「以黃河爲馬槽」，一度控制了青海、西藏。康熙帝三次親征朔漠，予以回擊，但清朝基本上是守勢。康熙帝在西藏底定後，極想出兵準噶爾本土，但未能進行。雍正帝在平定青海蒙古羅卜藏丹津之亂以後，從甘肅、哈密的西路和喀爾喀蒙古的北路兩路出師準噶爾，雖未有成效，然變被動爲主動，開啓了勝利之途。而後，乾隆帝徹底解決了蒙古問題，擴展疆土，穩定疆宇，歷三代而竟功，此一事即見雍正帝的承上啓下作用。

再則實行清查財政經濟政策，懲治貪風，打擊朋黨，克服康熙晚期的政治危機，充實國庫，成效顯著；制定秘密立儲法，後來行之有效，創造了有清一代傳位的好方法；以天下一家的觀念批判華夷之辨，適應了統一多民族國家發展的歷史趨勢；在對外事務中，雍正帝繼康熙帝與俄羅斯訂立「尼布楚條約」之後，簽訂「恰克圖條約」；雍正帝的革新精神，成爲後世帝王勵精圖治的精神力量。如此作爲，使得雍正帝成爲清朝盛世的創造者之一，是康乾盛世的承前啓後的政治家。

三、成功改革家雍正帝

雍正帝的各項改革，每一項都有其獨特的歷史價值。

攤丁入畝制度的實行，停止了戶口編審制度，以致乾隆朝正式取消，自此民人可以自由離開鄉里，有了實際的遷徙自由；除豁賤民，令他們成爲平民，有後世所說的尊重人權的意味。這兩項制度變革，使得政府對百姓的宗法性人身控制削弱，換句話說，就是百姓對政府的依附性減弱，具有解放生產力、促進社會經濟發展的意義。百姓可以流動於四方，就爲商業、手工業提供了大量勞動力。其時，服務業、手工業有較大發展，發達地區動輒擁有上萬從業人員。如蘇州染踹業在雍正年間就有踹匠幾萬人，他們大多來自江蘇、安徽的農村，而不是本地人。江西景德鎮製瓷業的工匠也大多數是外地人。假若戶口編審制度沒有被取消，這是不可能出現的情形。

耗羨歸公後，農民納稅比以前減少，經濟上直接受益。改土歸流不僅有利於中央政令的貫徹，同時也給當地經濟、文化的發展提供了可能。駐藏大臣制是清朝中央集權制下的一種地方行政制度，是因地制宜的有效治理方法。特別應當看到的是，雍正帝的改革具有某些近代成分。攤丁入畝，前無古法，是偉大的創舉。向後看，由有田者交納

▲胤禛行樂圖・圍爐讀書

▲雍正朝製彩繪描金花果紋包袱式漆匣

人口稅，田多者多納，與累進稅制有相通之處——資產多者賦稅多。雍正帝的意識大約不會有這種前瞻性，不過其中確有近代賦稅制度的因素；攤丁入畝與養廉銀結合，固定地方政府的辦公費用，這符合近代行政預算原則；削弱政府對百姓的人身控制，令百姓有了某種遷徙自由。凡此種種，筆者認爲，雍正帝的改革具有某種近代意義，具有由古代向近代過渡的初始因素。

應當說，雍正帝的這些社會改革，適應了社會經濟發展的要求，同時也促進了社會經濟發展，在歷史上起到積極的作用。他的所作所爲，放在歷史長河中，在歷代明君、名臣中，都是應當另眼相看的。前述楊炎、張居正被譽爲歷史上的改革家，但他們的改革都局限在賦役制度一個方面；而雍正帝的改革涉及社會很多層面，包括賦役制度、職官制度、等級制度、民族政策等等方面，遠比他們廣泛，是他們所不可企及的。無疑，雍正帝是務實的、積極的、成功的社會改革家。其改革中的某些近代成分，更是傳統改革家所望塵莫及的。

筆者的結論是：雍正帝是中國歷史上成功的改革家，是清朝的承前啓後者，是在某種程度上順應社會發展要求的傑出帝王。雍正帝自詡「朕非庸懦無能主」，應當承認，他是大有作爲的政治家。他又自云「朕就是這樣一條漢子」，令人看到他是有江湖氣的皇帝。要之在歷代帝王評價中，給他好評不爲過分，他的歷史是値得大書一筆的。

此外，筆者還想能否根據雍正帝的一生，概括出一句話或幾句話呢？試擬幾句如下：批寫奏摺最勤、最多的皇帝；接見（引見）中下級官員最多、最認眞的皇帝；才華橫溢的皇帝；活得最累的皇帝；性格多面而鮮明的皇帝；多面人生的皇帝；朝野議論中心的皇帝；

▲清雍正　粉彩鏤空蓋盒

後世有大爭議的皇帝；毀譽交集的皇帝；有傑出貢獻的皇帝。

四、雍正帝挨罵的深層原因

雍正帝被罵的原因，先借鑑《紅樓夢》中王熙鳳得到的評價——「治世之能人，亂世之奸雄」。

奴才周瑞家的說鳳姐樣樣好，「未免對下人嚴了些」；林黛玉初進榮國府，在她眼中的鳳姐是「粉面含威春不露」。「威」者，含蓄地點出其人的威嚴，事情都落在「嚴」字上，王熙鳳管家太「嚴」，因而遭到輿情的指責。對雍正帝之罵，究其原因，可以從三個層次進行分析：

其一，受懲罰者的怨恨。雍正帝敏銳地指出，賞賜八旗幼丁，他們揮霍之後又會抱怨。不過，這種抱怨不是這裡所說的政治性抱怨、怨恨。雍正帝的政績是以犧牲眾多人的生命為代價取得的。他清查財政，為向貪官追贓，動輒抄家，甚至令其子孫、親戚幫助賠償，窮追窩藏者。這跟康熙帝的「睜一眼，閉一眼」的方針大相徑庭。而官員們習慣了前朝的寬大，對雍正帝的嚴厲政策自然不滿，所以輿論說他重用的大臣「嚴刻」，實際是把矛頭指向了他。

雍正五年（一七二七）四月初八日，雍正帝發布上諭說，「近聞外間議論，有謂塞楞額署山東巡撫事務精明嚴刻者，既加以精明之譽，復加以嚴刻之譏，此皆由於塞楞額蒞任以來，實心辦理數事，而宵小之人不得自便其私，故造作此語」，以阻擾其認眞辦理事務。接著，雍正帝對號入座，爲自己辯解，說他本人並不嚴刻。如李衛清查李維鈞家產，涉及其婢妾。雍正帝說李衛不識大體，不講究忠厚，因此不讓他參奏李維鈞的家事，以此表明他的仁愛。事情的實質是，雍正帝整頓積習，引發了

▲雍正帝讀書像

既得利益者的不滿，於是加諸嚴刻的罪名。妙就妙在嚴刻之前加上「精明」一詞，正是精明，嚴刻就令人受不了了。受懲罰者是在發洩個人私怨，他們其實是罪有應得，怨不得雍正帝。

其二，儲位之爭的後遺症與世俗同情弱者的觀念相結合。對康熙朝儲位鬥爭失敗的一方，雍正帝繼位之初儘管實行打拉結合的策略，但人們很快發現，他的眞實意圖是打擊、消滅對方，於是議論紛紛，說皇帝「凌逼弟輩」，懲治人是「報復私怨」。翰林院檢討孫嘉淦上疏，要求皇帝「親骨肉」。對於皇家內部政敵的打擊，應當適可而止，不爲已甚。雍正帝不懂得這個道理，對宗室成員打擊過分，特別讓人反感，甚至讓人痛恨。再說政治案件過多，打擊面過大，比如無端懲罰楊名時，令人同情他，而不滿於雍正帝。這是雍正本身的問題。他不懂得鬥爭中有理有節的原則，分寸拿捏得不準。這是雍正帝自身策略失誤造成的被罵，賴不得他

▲雍正帝的生母孝恭仁皇后像

人。楊珍撰文〈關於雍正帝毀多於譽的思考〉，對此點分析甚爲透徹。

其三，改革政治和嚴猛的方針政策造成的。雍正帝棄置寬仁之政，嚴猛爲治，觸動的不只是犯法者或被誤認爲犯法者的個人利益，從制度層面看，傷害的是集團利益。如士民一體當差，就觸犯了士人的整體利益，不是個人不滿，而是群體反對，結果在河南發生了封丘罷考事件。這樣，事情就嚴重了。實行耗羨歸公制度，有錢人就不滿意。所以，在最早實行的山西，巡撫諾岷、布政使高成齡均受到很大的壓力；山西的京官也不贊成實行這一制度，可見鬥爭的激烈程度。嚴猛政治，也爲崇尚仁政政治理念的人士所不滿，給予否定。最早是剛繼位的乾隆帝。他否定前朝的幾項政策，搞翻案。四川巡撫王士俊表示不滿，說現在的好上疏是將前朝的案子反過來，他也因爲這個話，幾乎遭到殺身之禍。後世

▲雍正孝敬憲皇后像

崇尚寬仁政治的學者，責罵雍正帝的模範督撫田文鏡，就是衝著嚴猛政治來的。集團利益受損者、仁政維護者的反對，與利益受到傷害的個人怨恨不同，應做具體分析。不過，革新政治的產生與推進是非常不容易的，是要付出代價的，不宜多所指責。如果承認雍正朝是個改革時代，就要給予那些政策的制定者、執行人以肯定的歷史評價，而不應咒罵雍正帝。

▲雍正帝的泰陵

參考書目

①《雍正朝起居注冊》，中國第一歷史檔案館編（北京：中華書局，一九九三）。
②《雍正朝滿文硃批奏摺全譯》，中國第一歷史檔案館譯編（黃山書社，一九九八）。
③《清世宗實錄》，《清實錄》本（北京：中華書局，一九八五）。
④《清史列傳》，王鍾翰點校（北京：中華書局，一九八七）。
⑤《清史稿》（北京：中華書局，一九七八）。
⑥《雍正事典》，莊吉發編著（臺北：遠流出版公司，二〇〇五）。
⑦《揭開雍正皇帝隱秘的面紗》，楊啓樵著（香港：商務印書館，二〇〇〇）。
⑧《清朝皇位繼承制度》，楊珍著（學院出版社，二〇〇一）。
⑨《雍正傳》，馮爾康著（上海：三聯書店，一九九九）。
⑩《明清史論著集刊》，孟森著（北京：中華書局，一九五九）。
⑪《清史簡述》，鄭天挺著（北京：中華書局，一九八〇）。

後記

研治雍正皇帝及其時代的歷史，從發表論文算起，已有三十年了，可是仍在撰寫，難道自己不覺得膩煩嗎？不覺得寫些重複的內容對不起讀者嗎？這兩種情緒我都有。那又爲什麼仍然筆耕不輟？

此次走筆，緣於臺北故宮博物院和北京故宮博物院聯合舉辦的，將於今（二〇〇九）年十月展出的「雍正——清世宗文物大展」，以及十一月召開的「兩岸故宮第一屆學術研討會：爲君難——雍正其人其事及其時代」。承主辦方之情，約我給臺北《故宮文物月刊》撰寫配合「雍正清世宗文物大展」的文章，而且邀約我出席「爲君難」主題研討會。我都欣然應承了。兩岸故宮的合作之舉，是我高興的原因所在。

清宮檔案，如今分別收藏在北京中國第一歷史檔案館和臺北故宮博物院等處，就我們清史研究者的閱覽利用而言，頗感不便。是以，我在二十多年前問世的《清史史料學初稿》

一書中，就表達了希望方便讀者利用的願望。兩岸故宮的合作，使我的願望部分實現了，更可以預見到合作的前景，怎能不興奮呢！此外，還在於我自一九九〇年代初以來，數度去臺灣，而今已有四年沒有走動，很想去觀光並會見學術界的朋友。

在這當口，北京中華書局的李世文、宋志軍先生亦爲配合兩岸故宮的聯合展覽，約我寫作本書，並云將與臺北聯經出版公司共同推出。我對中華書局懷有深厚的感情。早在一九七三年，我爲修改、出版一本書，在書局王府井大街的舊址住了兩三個月。近兩年，李世文先生爲我編輯出版了《去古人的庭院散步》、《生活在清朝的人們》二書。我們原不相識，直到今年春天才見過一面，然而在我們的合作中，他的敬業精神令我感動和佩服。由他提出寫作一事，我經過認眞考慮之後接受下來。在寫作中，責編余瑾女士給我許多幫助，合作愉快。上述種種情形，令我產生了創作衝動，不再感覺同樣題材寫作的乏味。

我說「認眞考慮」，是說沒敢貿然答應，乃因書寫新作，不能將已有的雍正史知識重新拼湊組合，勉強交卷梓刻，糊弄讀者；而是給自己規定了高難度的寫作目標：必須使用個人新搜集的史料，常用的材料盡量不用，不得已的情形下少許利用；內容方面，常說的那些段子，有的捨棄，有的少說，多寫新事；認知方面，限於學識水平提高難度極大，做不到大幅度提升，但是力求有點點滴滴的新見解。

雍正帝的滿文硃批奏摺，我原先幾乎沒有利用過，如今將《雍正朝滿文硃批奏摺全譯》

檢閱一過，成爲本書主要的資料來源；另一個史料園地是《雍正朝起居注冊》。此書我曾於一九八〇年在中國第一歷史檔案館閱讀過原件，但是僅粗粗閱覽到雍正五年的記事，六年以後的未能披覽，原因是其時館方正在對它進行整理，準備出版。能閱讀前幾年的，我已經很高興，很知足了，但還是留下了未讀竟的遺憾。該書一九九三年印行，不過我未曾有機會細閱，此次寫作，燃起我的激情，細緻瀏覽，成爲新材料的第二個來源。

利用新材料來寫作，讓讀者能夠分享，我覺得這才對得起尊敬的讀者，也對得起自己。當然，我的寫作樂趣也在其中，所以能夠愉悅而不知酷暑的干擾了。在雍正故事方面，我不求全面，不太關注他的政治革新本身，而是留意於他的思想觀念和學識、他的才能、他的爲人和性格，留意於這些與其行政事務、決策的關係，落腳點始終沒有離開雍正帝的歷史定位——改革家。本書述及的雍正帝故事並不全，因而，對雍正帝的歷史略知一二，或全然不曉的讀者，或許會有不滿足之感；又由於走筆匆促，印刷時間緊迫，未能進行觀點的提煉，在此一併向讀者告罪。

歷史著述需要有插圖，需要圖文配合，才能生動地再現歷史。爲此，我曾撰寫專文論述。對於本書的配圖，我亦有所思考和努力，希望展示給讀者一個更加眞實的雍正帝。

篇幅關係，本書對資料來源，或不加注釋，或作注而又未按照學術規範進行，補救方法是在書末備有「參考書目」。好在主要利用了《雍正朝滿文硃批奏摺全譯》、《雍正朝起居注冊》二書，不多注釋也罷。

本書的命名，破費思量，曾經考慮過《雍正帝及其時代》，但好像學術味道太重，與本書的主旨和定位不符；又從「為君難」的角度，試圖取名《毀譽交集的雍正皇帝》，然而「為君難」一詞不為人熟知；縱觀雍正帝的歷史功績，似乎《雍正大帝》亦可，卻有鼓吹帝王崇拜之嫌。中華書局編輯部和臺北聯經出版公司的發行人林載爵先生提出《雍正帝》之名的建議。這是由我的《雍正傳》一書之名，從簡、從俗所取。那麼，就從簡、從俗，叫做《雍正帝》吧。

馮爾康

二〇〇九年九月三日於南開大學顧真齋

雍正帝

2021年11月二版 定價：新臺幣390元

著者	馮爾康
叢書主編	簡美玉
校對	陳龍貴
	馮蕊芳
封面設計	黃暐鵬
內文組版	陳健美

出版者	聯經出版事業股份有限公司
地址	新北市汐止區大同路一段369號1樓
叢書主編電話	(02)86925588轉5305
台北聯經書房	台北市新生南路三段94號
電話	(02)23620308
台中分公司	台中市北區崇德路一段198號
暨門市電話	(04)22312023
郵政劃撥帳戶第0100559-3號	
郵撥電話	(02)23620308
印刷者	文聯彩色製版印刷有限公司
總經銷	聯合發行股份有限公司
發行所	新北市新店區寶橋路235巷6弄6號2F
電話	(02)29178022

副總編輯	陳逸華
總編輯	涂豐恩
總經理	陳芝宇
社長	羅國俊
發行人	林載爵

行政院新聞局出版事業登記證局版臺業字第0130號

本書如有缺頁，破損，倒裝請寄回台北聯經書房更換。 ISBN 978-957-08-6029-0 (平裝)
聯經網址 http://www.linkingbooks.com.tw
電子信箱 e-mail:linking@udngroup.com

本書中文繁體字版由中華書局(北京)授權出版

國家圖書館出版品預行編目資料

雍正帝／馮爾康著．二版．新北市．聯經．2021.09．
272面+32頁彩色．14.8×21公分．參考書目：1面
ISBN 978-957-08-6029-0（平裝）
[2021年11月二版]

1.清世宗 2.傳記

627.3 110015507